/ 100 位

为新中国成立作出突出贡献的英雄模范人物/

方 志 敏

施　新/编著

★

吉林文史出版社

图书在版编目（CIP）数据

方志敏 / 施新编著. —— 长春：吉林文史出版社，
2011.4（2022.4重印）
（100位为新中国成立作出突出贡献的英雄模范人物）
ISBN 978-7-5472-0501-3

Ⅰ．①方… Ⅱ．①施… Ⅲ．①方志敏（1899～1935）—
生平事迹 Ⅳ．①K827=6

中国版本图书馆CIP数据核字(2011)第049561号

方志敏

FANGZHIMIN

编著/ 施新

选题策划/ 王尔立　责任编辑/ 王尔立

装帧设计/韩璘

出版发行/ 吉林文史出版社

地址/ 长春市福祉大路5788号　邮编/ 130118

电话/ 0431-81629363　传真/ 0431-86037589

印刷/天津海德伟业印务有限公司

版次/ 2011年4月第1版 2022年4月第7次印刷

开本/ 640mm×920mm　1/16

印张/ 9　字数/ 100千

书号/ ISBN 978-7-5472-0501-3

定价/ 29.80元

/**100**位

为新中国成立作出突出贡献的英雄模范人物／

八女投江	于化虎	小叶丹	马本斋	马立训	方志敏
毛泽民	毛泽覃	王尔琢	王尽美	王克勤	王若飞
邓 萍	邓中夏	邓恩铭	韦拔群	冯 平	卢德铭
叶 挺	叶成焕	左 权	诺尔曼·白求恩		任常伦
关向应	刘老庄连	刘伯坚	刘志丹	刘胡兰	吉鸿昌
向警予	寻淮洲	戎冠秀	朱 瑞	江上青	江竹筠
许继慎	阮啸仙	何叔衡	佟麟阁	吴运铎	吴焕先
张太雷	张自忠	张学良	张思德	旷继勋	李 白
李 林	李大钊	李公朴	李兆麟	李硕勋	杨 殷
杨子荣	杨开慧	杨虎城	杨靖宇	杨闇公	萧楚女
苏兆征	邹韬奋	陈延年	陈树湘	陈嘉庚	陈潭秋
冼星海	周文雍、陈铁军夫妇		周逸群	明德英	林祥谦
罗亦农	罗忠毅	罗炳辉	郑律成	恽代英	段德昌
贺 英	赵一曼	赵世炎	赵尚志	赵博生	赵登禹
闻一多	埃德加·斯诺	夏明翰	格里戈里·库里申科		
狼牙山五壮士	聂 耳	郭俊卿	钱壮飞	黄公略	
彭 湃	彭雪枫	董存瑞	董振堂	谢子长	鲁 迅
蔡和森	戴安澜	瞿秋白			

每个人的心中都多少有一点英雄情结，都向往英雄、景仰英雄。也正因此，在中华人民共和国建国六十周年之际，由中央十一部委联合组织开展的"100位为新中国成立作出突出贡献的英雄模范人物和100位新中国成立以来感动中国人物"的评选活动中，群众参与投票总数近一亿。这其中的每一张选票，都表达了人们对英雄模范的崇敬之情，寄托着对伟大祖国的美好祝福。

一个民族不能没有英雄，否则这个民族就不会强大。当国家危难之时，懦弱者选择了逃避、妥协甚至投降，英雄们却挺身而出，用热血捍卫民族的尊严，人民的幸福。在创立和建设新中国的伟大历程中，涌现出无数可歌可泣的英雄模范人物。他们之中，有为了民族独立和人民解放而英勇牺牲的革命先烈，有为了党和人民的事业而不懈奋斗的优秀共产党员，有在全民族抗战中顽强奋战、为国捐躯的爱国将士，有英勇杀敌的战斗英雄和革命群众，有积极从事进步活动的著名民主爱国人士和国际友人……他们是民族的脊梁、祖国的骄傲，是激励全体人民团结奋斗的精神力量。

《100位为新中国成立作出突出贡献的英雄模范人物传记》丛书，就像一部星光璀璨的英雄谱，真实、完整地记录了英雄模范人物不平凡的一生，再现了他们非凡的人格魅力和精神世界。"头颅可断腹可剖"的铁血将军杨靖宇，"毫不利己，专门利人"的白求恩，"抗战军人之魂"张自忠，"砍头不要紧"的夏明翰，"俯首甘为孺子牛"的文化斗士鲁迅……一串串闪光的名字，一个个动人的故事，犹如群星闪烁，光耀中华。

如今，战火已熄，硝烟已散，英雄已逝，我们沐浴在和平的幸福之中。在和平年代，人们不会忘记为今日的和平浴血奋战的英雄们，英雄的故事永远不会结束。让我们用英雄的故事唤醒我们心中的激情，为中华民族的伟大复兴而奋斗。

生平简介

方志敏（1899-1935），男，汉族，江西省弋阳县人，中共党员。

方志敏1922年8月加入中国社会主义青年团。1924年3月转入中国共产党。中共第六届中央委员。1928年1月，参与领导弋横起义，创建赣东北苏区，领导组建中国工农红军第十军。先后任赣东北省、闽浙赣省苏维埃政府主席，红十军政治委员，中共闽浙赣省委书记。他把马克思主义普遍真理与赣东北实际相结合，创造了一整套建党、建军和建立红色政权的经验，毛泽东称之为"方志敏式"根据地。1934年11月初，任红十军团军政委员会主席，奉命率红军抗日先遣队北上，在皖南遭国民党军重兵围追堵截，艰苦奋战两月余，终因寡不敌众，于1935年1月29日被俘。被俘时，国民党士兵搜遍他的全身，除一块怀表和一支钢笔，没有一文钱。在狱中，面对敌人的严刑和诱降，他正气凛然，坚贞不屈。在极端艰苦的条件下，写下了《可爱的中国》、《清贫》等著名文稿。"清贫，洁白朴素的生活，正是我们革命者能够战胜许多困难的地方！""敌人只能砍下我们的头颅，决不能动摇我们的信仰！"这些激动人心、感人肺腑的语言，给我们留下了宝贵的精神财富。1935年8月6日，方志敏在江西南昌英勇就义。

1899-1935

[FANGZHIMIN]

◀方志敏

目 录 MULU

清贫而伟大的一生（代序）

　　在中国革命的斗争史上，有一位英年早逝、将自己毕生的精力献身于劳苦大众的解放事业，为共产主义奋斗一生的英雄，他在狱中留下的《可爱的中国》、《清贫》等十几篇遗作，已经成为中国革命史上的绝唱，成为中华民族不朽的精神财富。他对中国革命所作出的重要贡献，曾得到毛泽东同志的高度评价。他创建的革命根据地被誉为"方志敏式"根据地和"苏维埃模范省"。他就是无产阶级革命家、军事家、杰出的农民运动领袖，土地革命战争时期，闽浙（皖）赣革命根据地和红十军团的主要创始人方志敏。他是共和国三十六位军事家中唯一被俘后牺牲的一位。

　　方志敏同志的一生是短暂的。但是，他的光辉业绩和崇高品德将永垂青史，他对革命事业的耿耿忠心，党和人民永远也不会忘记。党中央对方志敏给予了高度评价。1937年1月，党中央机关报《斗争》出刊"纪念民族英雄方志敏专号"。1964年，毛泽东同志亲自为方志敏烈士题写了墓碑。1984年，邓小平同志为《方志敏文集》题写了书名。

　　爱国、清贫、忠诚、奉献是方志敏精神的丰富内涵，也是他战胜困难和敌人的强大精神动力。

　　每每读到方志敏在极端艰苦的条件下，饱含激情和对党的无限忠诚，用心血写下的《可爱的中国》《清贫》这些传世名篇，眼前便会浮现出身穿破烂棉衣、戴着脚镣手铐的就义者高大、光辉的形象。

方志敏同志是我们党的骄傲、人民的骄傲。在他身上体现的崇高品格和浩然正气，是我们党的宝贵精神财富，必将激励一代又一代人，为党和人民的事业不懈奋斗。

追求真理

(1899—1922)

→ 寒门慧子

★★★★★ (0—7岁)

1899 年 8 月 21 日，清光绪二十五年农历七月十六，居住在江西省弋阳县湖塘村鱼塘边一个世代务农的方户人家诞生了一个小生命，他就是方志敏，原名远镇，乳名正鹄，号慧生，志敏是他的学名。

湖塘村是一个景色优美环境宜人的地方，村前是三口水明如镜的鱼塘，一条小河流过村口的一座小桥，村后的那座来龙山远近闻名，山上草木茂盛，野花绚烂，一株株粗壮的红枫傲然挺拔。一条小河绕过村庄，再从一座石砌的拱桥下面弯弯曲曲流向远方，可见环境很好。也许就是因为这里的风水好，湖塘村历代出名人，如宋建炎进士，官终建康通判方畴；元末进士，官至信州府镇守方

△ 方志敏故居

太柏；清咸丰进士，帝御赐贤良世第方塘；清乾隆年名医，中华名医方又胜，以致后来的原江西省书记方志纯、红十军团长方志慧、方荣贵、方华根、方华日等。而方志敏是个杰出的农民运动领袖，土地革命战争时期赣东北和闽浙赣革命根据地的创建人。在他的带领下，全村四百多户人家，家家户户参加土地革命，直到1949年解放，革命烈士审查有96位。土地革命以后，蒋介石在方志敏家乡湖塘村杀光、烧光有17遍。到1949年湖塘村男丁不超过30人。但方家没有一个当逃兵的。湖塘村不仅是方志敏还有其他方家人都付出了沉重的代价。对于生养他的小山村，方志敏有着深厚的感情，他曾经在自己的文章中这样描绘过家乡的美景：

村背靠着两座矮山，山上都长着茂盛的树林；村的周围，长着许多花果树，全村的房屋，都被深绿的树木掩荫着。村前是三口养鱼的塘，水明如镜。每天早晨，全村妇女们都在这塘里洗衣服。鱼塘的前面，就是一块大田坂，在春深时节，满坂尽是绿苗，微风吹来，把绿苗吹成一层挨一层的绿的波浪。更远一点，就是一条小河，弯弯曲曲地流着，流进村右边的水口林。水口林中，绿叶如盖，在绿叶里跳上跳下的各种鸟儿，都鸣出悦耳的声音，互相唱和着。

在湖塘村，方志敏度过了童年、少年时期。方志敏的家很穷，每逢春天家里就断了粮，缸里的一点粮食还是跟财主家借的。刚刚三四岁的方志敏饿得肚子咕咕叫。他常常拽着妈妈的衣襟不断地嚷："妈妈！我饿，我饿啊！"方志敏看见财主家的孩子吃的是白面馒头，就仰着头问妈妈："为什么财主家的孩子有馒头吃，我们家没有呢？"妈妈只好回答说："人家财主命好，有地又有钱；咱们命苦，要啥没啥，孩子也跟着受罪！"方志敏听了还是不明白，同样是人，财主不干活不流汗却吃白馒头，爸爸累死累活却让儿子饿肚子，这是为什么？方志敏从小多病，4岁才学会走路。他从小体弱但俊秀，在村里有"正宫娘娘"的绰号。

→ 少年才子

★★★★★ ·············· (7—10岁)

　　方志敏出生在村里一个大农户家庭，祖父方长庚，生有七男二女，祖孙三代同堂，全家三十多口人。父亲方高翥排行老三，方志敏在家是老二。按宗族家规，只有老大的长子才能入学。看到哥哥读书，方志敏也常常拽着父亲的手要读书。父亲被他缠得没办法，只好向财主借高利贷，在1906年方志敏7岁的时候，他上了私塾。

　　方志敏高高兴兴地背上书包去上学了。每天老先生都摇晃着脑袋，"子曰"、"诗云"地念，学生们也摇头晃脑地跟着念。

　　三年时间，天天这么念，方志敏有些不耐烦了，有一天，他觉得没什么意思，坐在那儿打起了瞌睡。

△ 少年方志敏

老先生见方志敏不好好念书，走过来揪着他的耳朵问："我刚念的是哪一句？"方志敏直着脖子，说："不知道！还不是老掉牙的旧书，我懒得听！"

老先生叫严常新，平日里因为方志敏记忆力好，学习用功，很喜欢他，这次，老先生感到很吃惊，他问："不学这些，你说应该学什么？"方志敏说："不知道，天天之乎者也的，反正我不喜欢听。"

老先生说："自古以来，我们这些人就是得学这些书。"

老先生想，方志敏是个聪明的孩子，如果不好好教育，就太可惜了。他拿起戒尺就朝方志敏的手心打，一边打还一边骂："我让你不学圣人的书！"方志敏的手被打得又红又肿，但他咬着牙一声不吭。

　　回到家里，妈妈看着儿子的手，心疼得流下了眼泪。方志敏说："我明天不上学了，我放牛拾柴去！"

　　爸爸正在抽旱烟，听儿子嚷嚷不上学了，吐了一口烟，说："哪有上学不挨老师打的，学还得上。供你念书，爸爸受苦受累还有个盼头。不然，你也和爸爸一样当个睁眼瞎，咱家这穷日子还有什么指望改变呢！"

　　第二天，方志敏照常去上学。为的是让爸爸、妈妈高兴，好好读书。放学以后，他帮助家里放牛、拾豆子、捡柴火时，也不忘记带着书本，一有空就拿起书读。

　　方志敏最喜欢的还是唐诗宋词，每当放牛的时候，他就站在山坡上大声朗诵：

　　　　牧童骑黄牛，歌声震林樾。

　　　　意欲捕鸣蝉，忽然闭口立。

　　说归说，烦归烦，方志敏的学习成绩优异，让先生赞叹不已。一天，私塾先生严常新来到了方志敏家。他对方志敏的祖父说："你家的伢子是个人才，刚教了一年，就能熟背《三字经》、《百家姓》、《千字文》等十几本书，现在才读三年书，已经能够写很好的文章了。奇才不栽培，枉为人师啊，我琢磨着，应该让正鹄进学校去读书，将来必有鸿鹄大志啊。"

就这样，方志敏终于到学校上学去了。

血性少年

★★★★☆

（11—16岁）

慢慢地方志敏长大了，也对这个世界有了一定的认识。他常常感到奇怪的是，为什么农民的日子总是那么穷，怎样才能改变这种状况。然而他毕竟是个孩子，这个答案不是一下子能弄明白的。

1910年冬季的一天，已经11岁的方志敏从高桥放学回家，路过一个村庄，忽然听到村里传来了一阵嘈杂声，还有妇女的哭声。他循声进村，只见一户人家门口围着许多人，他从人缝钻进去一看，原来是弋阳九区漆工镇的大财主邵襄臣的两个狗腿子正在抢东西，一个被推倒在地的妇女正在哭诉着："我欠你们什么债？你们要抄我的家！""你还赖账！"一个大汉敲着手上的账本说。

方志敏认得，这个妇女是个寡妇，原来一家三口，是佃农，后来因为交不起租，被夺了土地，丈夫只好给地主家打长工，由于吃了上顿没下顿，有一天栽倒在田里再也没起来。没过几天，5岁的儿子得了伤寒症，由于没钱买药，几天的工夫也离她而去。没了丈夫和儿子，她的生活和生命受到了沉重的打击，身子一下子倒了下去，落下了头疼的毛病，每天抱着头不停地打滚、撞墙。好心的邻居让她到大财主邵襄臣家里赊一块黑布，蒙在头上，病就会好了。可谁知，黑心的邵襄臣一块黑布放债一元，月利五角。如此利滚利，寡妇已经还不起了。账本上记的就是三年前这个寡妇从邵财主店里赊过的包头用的黑纱布钱。

看着蓬头垢面、满脸泪水的苦命寡妇，方志敏心中怒火万丈，他紧紧握着小拳头怒不可遏地说："天哪，赊的时候根本没讲利息，付钱时硬要'加五'，你们太欺负人了！不许你们欺负人！"

两个大汉得意扬扬地说："你们用不着跟我们吵吵，有胆子跟我家财神爷去讲！"他们把寡妇的家当，甚至锅碗瓢盆都抢走了。

方志敏紧握的拳头没有放松，他要为弱者打抱不平。他想，我一定要为穷人出口气。

他偷偷地准备了一个臭屎稻草把，然后一溜烟跑到镇上，将它插在邵家的"财门"上，又悄悄地跑回了家。

大年三十除夕夜，财大气粗的邵襄臣兴冲冲地去开财门，从头上掉下一个蘸满臭屎的稻草把，上面还插了一张白纸条，上面写着八个字："抬头见鬼，开门招灾！"

消息传到村民的耳中，乡亲们无不拍手称快。

气急败坏的邵襄臣派了大批狗腿子四处追查，却没有任何结果，谁也未曾想到这一招竟是 11 岁的方志敏干的。

方志敏总算给弱者出了一口恶气，因此，这个年他过得特别开心。

→ 阻挡议员

★★★★★

（17-18 岁）

1916 年秋天，由于成绩优异，17 岁的方志敏在乡亲们的帮助下考入弋阳县立高等小学学习。从此，他走出了湖塘，走出了北乡山区，走向一个更加广阔的天地。

在学校里，方志敏十分认真地学习，语文、诗词、习字等功课成绩异常优秀，常常受到老师的夸赞。更让方志敏欣喜的是，在学校图书室他看了很多进步书籍，开始接受新文化运动中民主、民权等新思想的影响。

小时候脑子里的那些问题，经过学习，似乎得到了初步的答案："封建制度太深！孙中山才是

△ 方志敏就读的弋阳县高等小学，原名为叠山书院。

革命者，他把皇帝赶下了台。可是袁世凯又出来了。农村里仍然是财主、土豪的天下,中国的天仍然是黑暗的。"他暗暗下决心,长大了,一定不要当什么臭官,我要让穷人过上好日子。

当时,有个姓张的大地主想弄个"省议员"当当。他让手下人用钱去买选票,老百姓议论纷纷。方志敏想,这个地主坏得很,要是他当上了议员,不定要做出多少坏事。

为了阻挡姓张的大地主,方志敏一夜没睡觉,写了一篇《张地主十大罪状》的小文章,抄写了好几份,连夜贴在县城最显眼的地方。第二天,城里的人都挤着去看,无不拍手称快。张地主气得浑身发抖,到处寻找方志敏。

方志敏的同学劝他找个地方躲一躲,说张地主有钱有势,惹不起他。方志敏笑着说:"我不怕!"

张地主终于找到了方志敏。几个狗腿子推搡着方志敏,方志敏被带到了张地主家。

张地主歪在太师椅上,抽着水烟,眯着两眼瞅着方志敏说:"你就是方志敏?你是学生,应该好好读圣贤之书,不要瞎折腾。我找你来,想让你写个声明,就说你受别人唆使,你是清白无辜的,怎么样?"

方志敏摇了摇头,张地主马上翻了脸,把水烟袋往桌子上一扔,满脸凶相地说:"我在弋阳城里说一不二,整死你像踩死个蚂蚁。"一个打手凑上来要动手,方志敏不慌不忙、不紧不慢地说:"我早给报馆和警察署写好了信,今晚我要回不去,就有人将信寄出去。你残害学生的事情全省的人都会知道。"

张地主一听，这个十六七岁的毛孩子居然还留了一手，真难对付。想来想去，只好一挥手，让方志敏走了。

方志敏并没有给同学留下什么信，只是让张地主逼急了，才急中生智说出那套话。张地主最终没有当上议员，方志敏却成了弋阳城里有名气的学生。

➔ 抵制日货

★★★★★

（19-20岁）

1918年，北洋军阀卖国政府段祺瑞，投靠日本帝国主义，激起了群众极大民愤。弋阳高小的几位青年教师，精心组织每周一次的时事演讲会，为的是让同学们明白：中华民族正处在生死存亡的关键时刻。

这一天，弋阳高小的师生在操场上举行声讨段祺瑞卖国政府的集会。方志敏平时最敬佩的一位青年教师刘老师，登上台子演讲。他慷慨激昂地说："北洋政府是个投降媚敌的政府，是个卖国的政府。那个袁世凯搞了一个卖国的'二十一条'，今天段祺瑞又和日本人搞善后大借款、中日军事协定，这不是投降是什么？这不是卖国是什么？同学们，卖国政府把我们的国家一片片出卖，日本帝国主义又要鲸吞我们的神州。我们应该从自己做起，抵制日货！"

　　说着，刘老师把平时用的日本牙粉、日本脸

△ 各界社会民众上街支援抵制日货行动

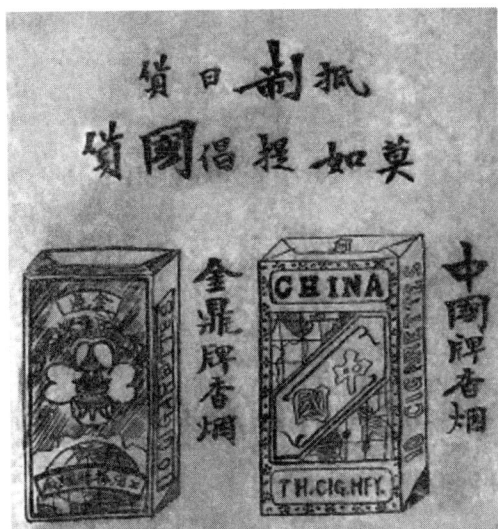

抵制日货
莫提倡国货

金鼎牌香烟 中国牌香烟 CHINA CIGARETTES T.H.CIG.HFY.

▷ 张贴在街头的宣传画

盆拿出来，一脚踩碎牙粉盒，又把日本脸盆用石头砸碎。

同学们都被刘老师的爱国行动所感染。方志敏抬腿跑到宿舍，把他铺的一床日本草席抱出来，跑上讲台，点着一根火柴把日本草席点着说："我们向刘先生学习，坚决不用日货。"虽然方志敏是个穷学生，但那颗爱国之心驱使他毫不吝啬地砸烂日货。

方志敏的慷慨陈词，使同学们更加激动起来。大家一致通过抵制日货的决定。一散会，同学们便一齐冲回宿舍，拉抽屉、开箱子清除日货。

由于方志敏功课优秀，思想进步，为人真诚，生活朴素，他的周围已经团结了一大批进步同学。

1919 年夏，方志敏与邵式平在校期间组织了进步团体"九区青年社"，积极参加了反帝反封建的爱国斗争和五四爱国运动。

→ 甲工学潮

★★★★★

（20-22 岁）

第一次世界大战结束后，协约国集团与 1919 年 1 月在巴黎召开"和平会议"。中国作为战胜国出席了会议。会议在英、美、法三国的主持下，不顾中国代表的强烈反对，将青岛的主权和山东的权益一概交与日本。北洋政府在帝国主义的压力下竟准备签字。

消息传出，全国激愤，1919 年 5 月 4 日，具有划时代意义的五四运动在北京爆发了，反帝反封建的革命洪流如滚滚波涛汹涌澎湃，席卷全国。"还我山东！""还我青岛！"的口号响遍全国。在全国人民的压力下，出席巴黎和会的中国代表，拒绝在和约上签字，从而粉碎了日本帝国主义"合法"侵占青岛的阴谋。

这一年的秋天，怀着"实业救国"满腔热情的方志敏，以全县第一名的成绩考入设在南昌的江西省立甲种工业学校预科班机械专业。

在这里他阅读了《新青年》等进步刊物，思想觉悟提高很快。他给《民国日报》副刊《觉悟》主编邵力子写信，对该刊发表的一篇题为《捉贼》的小说，谈了自己的看法："小偷是不是算顶坏的？触目皆是的军阀、政客、资本家、地主，哪一个不是操戈矛的大窃？为什么大窃逍遥自在，受人礼敬，而小偷却在此地被吊起来打？"方志敏的进步思想受到了邵力子的赏识。

当时，方志敏所在的学校办得很糟糕。学校凭私人关系任用教师，有一吴姓教员，甚至连学生都不如，但由于他是校长的亲戚，就能教课。学生们意见很大，方志敏代表全班同学，向校方提出更换教师的要求。胖校长赵宝鸿打着官腔说"研究研究"，但几个月过去了，也不见音信。

不仅如此，每个学生每天需要交纳为数不少的伙食费，可是学生们的伙食几乎顿顿都是漂着几根菜叶的清汤，有时几天看不见一点油星。学生们吃不饱，有的还生了病。方志敏带领几个同学去查看学校的伙食账目，发现学校竟然克扣学生的伙食费。

夜里，方志敏和几个志同道合的同学在一起议论起来。

"学校克扣我们的伙食费，我们不能就这样算了，我们得和他们算账。"

"这种不死不活的现象一定要改变，我们要学北京学生，向手里这本《新青年》靠近。"

"对呀！要和校方斗，我们也成立一个组织。"一位同学提议。

方志敏说："好，我看，就叫学生自治会吧。我们几个就是第一批会员，我们还要发动更多的同学参加，扎扎实实做好自治会的组织工作。"

一天，一个自治会的会员告诉方志敏，学校要我们学生搞文艺活动，我们何不利用这个机会触及一下学校的腐败现象。

方志敏灵机一动，说："我们编演个讽刺话剧在学校演出，我来写剧本。"

说干就干，方志敏熬了两个晚上，写出了一部二幕剧本《私塾怪现象》。戏中有三个主要人物：校长、校长老婆、校长的儿子。校长当领导，校长老婆连字也不识，课都敢教，校长的儿子只管摇铃。

这天晚上，学校的礼堂灯火通明，坐满了全校师生，连胖校长也来了，还坐在了头排。

《私塾怪现象》主要是讽刺学校的腐败现象。戏里的人物和学校的人物、事件就是身边的，演出效果极佳，受到学生的欢迎，大家看得开怀大笑。可是校长看了戏，恼羞成怒，下令立即停演，还给方志敏记大过一次。

学生记大过是很严重的事情，可是，方志敏一点也不在乎，继续带领学生同校长斗争，公开揭露学校的黑暗。胖校长气得不行，要开除方志敏。方志敏不甘示弱，带领学生自治会贴布告：开除校长！

1921年春，由于方志敏领导该校学生在进步学生中领头闹学潮，反对腐败教育，揭露和抨击校方反动腐败的劣迹，要求教育改革而被校方开除。

→ "社会主义"

★★★★★

（23岁）

1921年9月，求知若渴的方志敏想学

好英语扩大自己的阅读范围，他离开南昌到九江，考入了九江南伟烈大学（同文书院），这是一所美国基督教卫斯理派组织办的教会学校。

这所学校对英文抓得很紧。方志敏的英文水平提高很快，不久，已经能够借助词典读英文版的《资本论》和《共产党宣言》等马克思主义著作。

他一边学英文，一边学习《资本论》和《共产党宣言》两部伟大著作和《新青年》、《先驱》等革命书刊，思想又一次起了深刻变化。他终于明白了过去一直困扰着他的一些问题，明白了社会主义是中国的出路这个真理。在中国只有实现社会主义，才是解救广大劳动人民的正确道路。

方志敏不仅自己刻苦学习，并且积极宣传书中的革命思想，开口闭口不离"社会主义"这个词，时间长了，同学们给他起了一个外号叫"社会主义"。

那时候，阅读革命书籍非常困难。书籍、报刊杂志常被没收。方志敏就托校外的同学订进步杂志，再带进学校阅读。白天不方便，晚上熄灯后，几个人才悄悄地进行讨论。他还专门成立了一个读书会，专门学习和探讨社会主义。

方志敏面对校方的压力没有退缩，他在 1922 年春，参加了"非基督教大同盟"，这是一个反对基督教的组织。

1922 年 5 月，方志敏在同文书院写下了第一首散文诗《哭声》。

仿佛有无量数人在我的周围哭泣啊!

越侧耳细心去听,越发凄楚动人了!

我们血汗换来的稻麦,十分之八被田主榨取去了,剩的些微,哪够供妻养子!……

我们牛马一般地在煤烟风尘中做输运,奔走,每日所得不过小洋几角,疾病一来,只好由死神摆布去了!

跌倒在火坑里,啊!这是如何痛苦啊!

看呀,狂暴的恶少,视我们为娱乐机械,又来狎弄我们了!……

唔!唔!唔!我们刚七八岁就给放牛,做工去吗?

金儿福儿读书,不是,……很……快乐吗?

痛呀!枪弹入骨肉,真痛呀!

青年人,可爱的青年人,你不援救我们还希望谁?

似乎他们联合起来,同声哭诉。

这时我的心碎了,

热泪涌出眼眶来了。

我坚决勇敢的道:

是的,我应该援救你们,我同着你们去……

五四运动以后,反日爱国斗争继续深入发

展。在中国人民举国一致的抗争下，日本被迫以谈判方式解决青岛及山东问题。1921年12月，华盛顿会议召开，讨论太平洋及远东问题。中、美、英、法、日、意等国出席了会议。会上，中国代表再一次要求无条件收回青岛，日本则坚持中日间相互交涉。北洋政府在英美的诱迫和日本的压力下屈服同日本直接交涉，1922年2月4日，对帝国主义的"门户开放"、"机会均等"竟以条约形式正式接受，还训令出席华盛顿会议的中国代表向日本让步，签订了《解决山东悬案条约》及《附约》，严重损害了中国主权和利益。

消息传来，九江各界和全国各地一样纷纷上街集会游行。方志敏立即以南昌学联负责人的身份发动并领导了南伟烈、第六师范和第二中学的同学上街贴标语、演讲。

方志敏的行动让校方非常头疼，北洋军阀政府驻九江镇的守使吴金彪更是坐卧不安，他命令学校：必须开除方志敏。

但这一消息还没有发布，1922年5月，方志敏因不满九江南伟烈大学校方的腐败，加之因病吐血，家境窘迫，愤然提出退学。

1922年6月21日，他写了《呕血》一诗。

啊，什么？

鲜红的是什么？

血吗？

血呀！

我为谁呕?

我这般轻轻年纪，就应该呕血吗?

啊! 是的!

我是个无产的青年!

我为家庭虑,

我为求学虑,

我又为无产而可怜的兄弟们虑。

万虑丛集在这小小的心儿里,

哪能不把鲜红的血挤出来呢?

△ 九江南伟烈大学

啊！是的，无产的人都应该呕血的，

都会呕血的——何止我这个羸弱的青年；

无产的人不呕血，

难道那面团团的还会呕血吗？

这可令我不解！

我为什么无产呢？

我为什么呕血呢？

　　《哭声》和《呕血》两首诗，反映了当时劳动人民的悲惨生活，倾诉了他对旧社会愤激的心情。

坚定信念

(1922—1924)

→ 上海入团

1920 年 8 月，中国共产党在上海组织了社会主义青年团。在此前后，全国各地在准备建党的同时纷纷组织了社会主义青年团。1922 年 5 月，在党的直接领导下，中国社会主义青年团在广州召开第一次全国代表大会，成立了全国统一的组织。

不久，方志敏在上海的朋友给他寄来了几期 CY 机关报《先驱》。CY 是中国社会主义青年团的简称，《先驱》是团中央的机关刊物。

当方志敏看到这份团中央机关报刊时，一下子被上面的文章吸引住了，他感到万分兴奋，仿佛看到了中国的前途与希望，"非常佩服它的政治主张"。

"我要找到自己的革命道路，我要加入社会主义青年团！"

方志敏于1922年6月离开家乡前往上海，去寻找团组织。

方志敏由九江到了他向往已久的上海。初抵黄浦江畔，人生地不熟，有时落脚于"江西旅沪同乡会"，有时跻身于赣籍同学的宿舍里，有时住在邵力子家，每天以大饼油条和阳春面充饥。不久，方志敏结识了在上海进行革命活动的赣籍青年赵醒侬，由于志趣相投，两人很快成为好朋友。随后他与朋友在法租界贝鹿路（今成都南路）巨鹿里合租一个亭子间，暂时安顿下来。

那时候，上海是帝国主义的殖民地。在上海的马路上，方志敏看到，洋人的警棍在黄包车夫的身上飞舞；喝得烂醉的外国士兵，肆意侮辱中国的百姓。

一天，方志敏和罗漫、季方三个人经过外滩"法国公园"（今黄浦公园），想进去玩玩。当他们走到公园门口，看到一个显眼的牌子映入眼帘："华人与狗不准入园。"方志敏站在那儿，热血沸腾脸发烧，他的肺都快气炸了，感到一种奇耻大辱。堂堂的中国人，在自己的土地上都不能自由行走。面对"华人与狗不准入园"这块耻辱牌，方志敏暗暗发誓，一定要赶走帝国主义列强，为中华民族解放奋斗到底！一定要铲除"华人与狗不准入园"这块耻辱牌！他握紧拳头说："看着吧，我一定要在祖国的土地上建起人民的新公园！"

到上海一个月后，方志敏根据自己在上海寻找工作的艰难情形，写成一篇纪实性白话小说《谋事》，发表于同年7月的上海《民国日报》"觉悟"副刊上，由于它充分表达了对贫苦者的同情和对剥削制度的憎恨，被上海《小说年鉴》(1929年)称为"真是拿贫人的血泪涂成"的作品。当时上海《民国日报》是倾向进步的报纸，其"觉悟"副刊等由共产党人参与撰稿。方志敏通过投稿结识了报馆的一些编辑，因此被推荐到《民国日报》担任校对，月薪20元。在报馆当校对非常辛苦，经常整夜忙碌，但他干得极为认真，白天还抽时间到上海大学旁听。

方志敏在上海的时间虽短，但这是他人生中的重要转折。经过辗转，在上海他设法找到了《先驱》编辑部，并得到了他想要的另外几期团刊，

△ 陈独秀

△ 瞿秋白

△ 恽代英

这使他很受教益。通过他们，方志敏终于找到了党组织和中共领导机关，并结识了陈独秀、瞿秋白、恽代英、蔡和森、向警予等著名中共领导人。

1922年的8月，经赵醒侬介绍，方志敏正式加入了中国社会主义青年团。实现了他的政治理想。月底，他按照团组织的决定，离开上海返回江西开展革命活动。站在吴淞码头，回首朦胧中的申城，方志敏写下一首诗，诗中对这个"冒险家的乐园"抒发了自己的深切感受：

伟大壮丽的房屋，

用什么建筑成功的呢?

血啊，肉啊!

△ 蔡和森

△ 向警予

铺了白布的餐桌上，

摆着的大盆子小碟子里，

是些什么呢?

血啊，肉啊!

藏得重压压的铁箱皮箱，

里面是些什么呢?

血啊，肉啊!

这首诗后来发表在《新江西》第一卷第三号上。

→ **义愤填膺**

★★★★★

（23岁）

方志敏在上海找到了党组织，加入了团组织。1922年8月29日，根据党的指示，他从上海启程返回南昌开展工作。

在返回江西的途中，方志敏搭上了一只外国轮船。面对浩浩长江，他踌躇满志，激动的心情难以抑制。

在上船之前，送行的朋友告诉他，在洋人的轮船上，一定要小心谨慎，否则洋人是不讲理的。方志敏躺在狭小拥挤、汗臭熏人、蒸热闷人的统舱里的一个铺位上。

那时，他患着很厉害的肺病，统舱里那混浊的空气，冲得他的头直发昏。但是，作为还是一个贫苦学生的方志敏，能够买起一张统舱票，能够在统舱里占上一个铺位，已经是很幸运的事了。

他躺在铺位上，正要昏昏迷迷地睡去，忽听到从货舱里发出可怕的打人声及喊救声。他立起身来拖着鞋向那货舱走去，想看一看究竟。

走到货舱门口，看见有三个衣服褴褛的人挤在一个舱角里，在堆放的白糖包上蹲伏着。一个是兵士，二十多岁，身体健壮，穿着一件旧军服。一个像工人模样，四十余岁，很瘦，一副病歪歪的样子。另一个是二十多岁的妇人，面色粗黑，头上扎一块青布包头，都是从乡下逃荒出来的样子。三个人都用手抱住头，身体在战栗着，极力将身体紧缩着，好像想缩成一小团或一小点，那鞭子就打不着了。

在他们对面，站着七八个人，靠后一点，站着一个穿西装的矮胖子，肚皮膨大，满脸油光，鼻孔下蓄了一小绺短胡须，两手叉在裤袋里，脸上浮露出一种毒恶的狞笑，一看就知道他是这场鞭打的指挥者。其余六个人，都是狗腿子的模样，手里拿着藤条或竹片，在鞭打那三个人。

只听那矮胖子说：狠狠地打，看他们还敢不敢挡我的路。他的话还没有说完，那六个人手里的藤条和竹片，就一齐打下。每次打下去，藤条竹片抽打皮肉声，和三个人"痛哟！"的哀叫声连在一起。

矮胖子和那些打手哈哈地笑起来。"叫得好听，有趣，多打几下！"那矮胖子一边笑一边命令地说。那藤条和竹片，雨点般地朝那三个人打下来，"痛哟！痛哟！饶命啊！"的哀叫声，更加尖锐刺耳了！

"停！去拿绳子来！"矮胖子说。

那几个打手，好像耍把戏的猴子一样，马上有一个跑去拿了一捆绳子来。

"将他绑起来，抛到江里去喂鱼！"矮胖子指着那个士兵说。那些打手一齐上前，七手八脚地将那士兵从大包上拖下来，按倒在舱面上，绑手的绑手，绑脚的绑脚，一刻儿就把那士兵绑起来了。那士兵已经被折磨得昏死了过去。

那工人和那妇人还是用双手抱住头，蹲在糖包上发抖打颤，那妇人的嘴唇都吓得变成了紫黑色。

于是那几个人将兵士搬到舱沿边，先将他手上和脚上两条拖着的绳子，绑在船沿的铁栏杆上，然后将他抬过栏杆向江内吊下去。在离水面还有一尺多高的地方停住，让他仰吊在那里。任轮船激起的江水溅沫，急雨般打到他的身上。那几个魔鬼似的打手却"好玩! 好玩! "地叫着跳着作乐。

船舱里的许多人都跑出来了, 大家都带着极其愤怒的表情看着这一切。"真是灭绝天理, 丧尽良心, 那样地欺负咱们中国人! ""狗养的好凶恶! ""那个肥大头可杀! ""那几个当狗的打手更坏! ""咳, 应该捶那班狗养的一顿! "观看的乘客, 发出了愤激的议论。

看到这里, 方志敏实在看不下去了, 他气愤不过, 忘记了自己还是一个肺病十分严重的穷学生, 握紧了拳头, 高声喊了一声 :"不许欺负中国人, 打那个胖子! "

"谁喊打? "矮胖子圆睁着那凶眼望着周围的人, 威胁着喊叫着。

"打! "几十个人的声音, 从观看的人群中吼了出来。矮胖子有点惊慌了, 赶快移动脚步, 挺起大肚子走开, 一面急忙地说 :"饶了他们这一次! "那几个打手也跟着矮胖子灰溜溜地走了。

方志敏回统舱, 在铺位上倒下去, 因为愤怒, 头像发热病似的胀痛, 他几乎要放声痛哭出来。这是他永不能忘记的一幕悲剧!

那矮胖子指挥着的鞭打, 不仅是鞭打那三个同胞, 而是鞭打我中国民族, 痛在他们身上, 耻在我们的脸上啊! 中国人难道连一个畜生都不如了吗? 方志敏暗下决心, 一定要号召民众团结起来, 推翻这个黑暗的社会, 让中华民族真正站起来。

→ 宣传革命

★★★★★

(23-25 岁)

1922 年 9 月, 秋高气爽, 丹桂飘香。方志敏回到南昌后, 住在《大江报》编辑部的楼上。

知道方志敏回来的消息, 许多过去的同学和朋友都来看望当年带领大家闹学潮的风云人物。大家在一起谈论当时的南昌局势。

方志敏得知, 此时南昌的政治形势有一些沉闷。轰动一时的"江西改造社"负责人袁玉冰、黄道等人先后考入北京高等学校学习, 他们主办的《新江西》也随之迁往北京发行。"改造社"的部分成员编辑的《大江报》由于宣传五一国际劳动节而被勒令停刊。南昌的新文化运动和革命宣传遇到了低谷。

方志敏入团后，考虑到的第一件事，就是如何使马克思主义在江西得到传播，他决心开办文化书社来解决这个问题。

根据南昌的革命状况，方志敏与崔豪、邵式平等人商量后，决定创建中国社会主义青年团南昌地方组织——"文化书社"，以此作为江西地方团组织活动的据点。

经请示团组织同意之后，方志敏随即在百花洲席公祠附近（东湖边）选中一家门面开始了文

△ 南昌文化书社遗址

化书社的筹建。

9月10日，《新江西》第三号刊出了《南昌文化书社宣言》。《宣言》写道：

> 荒凉的江西，没有文化种子的江西，居然也有"文化之芽"……应该用人工灌溉法，从别处运输一些"哀其杜阿"来供给文化的需要，我们组织这个文化书社，就是要实行这个使命。

这段话把开设文化书社的目的说得很明确，就是引来马克思主义，灌溉给原本为"荒凉"的江西思想文化界。

《宣言》由方志敏、赵醒侬、袁玉冰等15人联名发表，书社经理由方志敏亲自担任。

1922年10月的一天，在南昌三道桥东湖边上，一阵噼噼啪啪的鞭炮声中，一家新的书店——南昌文化书社正式开业了。

文化书社"专贩卖马克思主义的和其他革命的书报"，主要有《共产党宣言》《资本论入门》《共产主义ABC》《向导》《先驱》《新青年》等。

方志敏创办的南昌文化书社，成为江西最早的宣传马克思主义的阵地，书社像一块磁铁，把先进的青年知识分子吸引在周围。江西的一些青年就是在这里阅读了马克思主义的书刊而走上了革命道路。

江西创建无产阶级先锋组织的特点是先建团后建党。马克思主义的广泛传播，首先导致了江西第一个团组织的诞生。

1923年1月20日，中国社会主义青年团江西地方团在南昌文化书社建立,方志敏和赵醒侬、刘五郎、刘修竹、陈之琦、刘拜农、赵履和七人为发起人。这一重大事件标志着江西的革命斗争从此有了无产阶级先锋组织的直接领导。

七名发起人当中，只有赵醒侬和方志敏原来是团员，其余五人都是刚入团的新团员。

方志敏所创办的文化书社不仅是团组织的诞生地，而且还是"本团同志的谈话集会机关"，成为江西无产阶级先锋组织的第一个战斗据点。

方志敏以自己的实际行动，对马克思主义在江西广泛传播作出了突出的贡献。

一天，方志敏正在店里忙活，一位店员走过来，交给他一张字条:方志敏走进里间的屋子，打开一看，只见上面写着:"下午4时，东湖，赵。"

下午4时，正是东湖游客众多的时候，方志敏准时来到了东湖，一见来人，他欣喜万分，原来等待他的是受党委派来南昌工作的赵醒侬和受党委派专程从北京赶来南昌的江西改造社原主持人袁玉冰。三位革命战友久别相逢，又高兴又激动。

三个人坐在东湖的一条船上，畅叙友情，商讨南昌的革命工作。就在这次见面的船上，他们决定创办两个团体：专门吸收那些具有民主思想的社会人士参加的江西"民权运动大同盟"和专门吸收知识分子和青年学生参加的"马克思学说研究会"。同时创办《青年声》周报，进行马克思主义宣传。从此，方志敏走上了无产阶级职业革命家的道路。

➜ 光荣入党

★★★★★

（26岁）

文化书社开办以后，方志敏更加忙碌了。他写文章，编刊物，约青年谈话，开会，还要抽时间到心远大学旁听。他忙完白天忙黑夜，日日工作十几个小时，加上吃饭常常饥一顿饱一顿的，导致旧病复发，几乎一个月就吐血一次，他被送进了医院。

与此同时，南昌的反动当局也注意到了方志敏的活动，阴谋抓捕他。

这一天，方志敏得到赵醒侬的通知，要他立即离开南昌。于是，在一个夜晚，方志敏穿了件灰布长衫，戴上帽子，乘着月色，坐上小船，沿赣水顺流而上。

　　从 1922 年 8 月到 1924 年春天，虽然只有一年半的时间，但是，经过革命斗争的考验和洗礼，赵醒侬认为，方志敏无论在政治态度、思想觉悟、工作能力和群众基础等各方面，都是优秀的。在向党组织请示之后，他决定，发展方志敏入党，并亲自做他的入党介绍人。

　　1924 年 3 月的一天，在南昌印刷所的一间小

△ 赵醒侬

屋里，墙上挂着一面中国共产党党旗，赵醒侬介绍方志敏加入了中国共产党。

赵醒侬对方志敏说：入党，就意味着你已经成为无产阶级的战士了。要听党的指示，为党工作，为人民大众献身。

方志敏激动地发出誓言："共产党员——这是一个极尊贵的名词，我加入了共产党，做了共产党员，我是如何的引以为荣啊！从此，我的一切，直到我的生命都交给党去了。"

入党以后，方志敏以此作为新生活的起点，从此坚定地走上了革命的道路。入党初期，他参与创建江西的中共党、团组织。任江西省农民协会秘书长、主席，领导农民运动。国共合作时，任国民党江西省党部执委兼农民部长、江西省农协会委员长。在火与血的考验中百炼成钢，成为解放中华民族的先锋。

领导革命

→ 漆工暴动

★★★★★

（26—28岁）

　　入党以后，方志敏浑身好像有使不完的劲儿，他不断深入江西各地，开展工作。1925年五卅运动时期，参加了"沪案交涉江西后援会"的工作，深入偏远地区，开展宣传鼓动工作。7月，当选为国民党江西省党部执行委员兼农民部部长。

　　1925年夏天，方志敏在弋阳创建了中共漆工镇小组，组织了"弋阳青年社"，出版了《寸铁》旬刊，并在家乡湖塘村秘密成立了农民协会，1925年冬，党组织派他回家乡开展农民运动，随时准备带领贫苦农民与地主展开斗争。

　　方志敏从小有一个疑团，冥思苦想，不

得其解。湖塘村八十余户中，为什么七十余户朝夕不能自保，而两户地主却能富庶阔绰，肥得流油？在姓方的亲戚之中，为什么有的不伸手不动脚能够衣食无忧，有的一年劳累到头却仍然饥寒交迫？怎样才能改变这个黑暗的现实？

这个疑团直到 1926 年，他才豁然开朗。1926 年 5 月 1 日至 15 日，方志敏作为江西代表，赴广州参加了在那里召开的全国第三次劳动大会和广东省第二次农民大会。在会上，方志敏见到了中国农民革命的杰出领导人毛泽东和彭湃，明白了中国革命的根本问题是农民问题，农民要翻身必须进行土地革命。会后他到东江、大埔一带

043

领导革命

考察农民运动，学到了许多农民运动的方法，然后急切地回到江西，准备开展一番实实在在的农民运动。

这一年老天爷不开眼，遇到了少有的大旱，土地干得裂开了缝，不要说庄稼，就连村前那三口鱼塘，都干得见了底。到了秋天，庄稼歉收，许多贫苦的农民坐在田里望着干巴巴的土地发愁，担心交不起租子，还不了地主的债，过不了关。

方志敏召开了贫雇农大会，对乡亲们说："今

△ 漆工暴动纪念馆

年地主收租讨债，我们就要求减租减息。如果地主不肯，咱们就跟地主斗，不交租，不还债！"

农民们都害怕地主，不敢行动。方志敏带领一部分积极分子先把一个地主抓了起来，要他减租，并把借据还给农民。这一来，农民们有了劲头，都准备跟着方志敏干。不料，方志敏的五叔、地主方雨田跳了出来，带头对抗农民运动。其他地主不敢减租减债了，方雨田气急败坏地质问方志敏："我是你亲叔，你该不会六亲不认吧？"

方志敏觉得不把方雨田的气焰打下去，斗争就不能取胜。他对大家说："你们不要以为方雨田是我五叔，我就徇私情看面子。既然他是地主，又和我们穷苦人对抗，咱们就跟他斗争到底！"

一天晚上，他带领全村的贫雇农，手拿铁叉、锄头，包围了地主方雨田的大院，而冲在最前面的就是方志敏。

方雨田紧关大门，躲了起来。几个农民翻墙进入方家大院，把门打开，大家一下子冲了进去。方雨田狗急跳墙拿刀想行凶，农民夺下他手中的刀，用绳子把他捆了个结实。

地主方雨田被斗倒了，震动了整个弋阳县。

在方志敏的领导下，贫雇农把土豪劣绅打得屁滚尿流。农民从漆工镇警察所里缴获了两条半枪。一条是"汉阳造"，一条是"三八式"，还有一条"九响毛瑟"被截去了半截枪筒，只能算半条枪。方志敏出门时就把这半截枪筒的枪带在身边当做防身武器。这就是著名的漆工镇暴动,很快,"方志敏两条半枪闹革命"的消息,就传遍了方圆几百里的地方。

→ "江西农王"

★★★★★
（28—29 岁）

方志敏的足迹踏遍了赣西北地区,他和百姓建立了血溶于水的深厚感情。这一天,方志敏和几个战士来到一个村子里参加一个会。许多群众跑来看望他,不知怎么消息走漏了。正谈着,白狗子把村子包围了,情况十分危急。方志敏把群众疏散了,和几个战士一边打一边撤退。可是,白狗子人多,眼看就要追上了,怎么办?

正在这时候,白狗子们定住脚不跑了,一个个蹲下身子,抢着拾地上的银元。有的没拾到,就和拾到的争抢起来,你争我夺打成了一锅粥。当官的没办法，踢这个一脚，踹那个一腿。趁这个机会，方志敏他们脱了险。原来，村里的群众见敌人追赶方志敏，情况很危急，没有别的办法，就把打土豪收来的银元拿出来，丢到路上，缠住了爱财如命的白狗子。

有一天傍晚，在敌人占据的一个村子里，突然听得一阵马蹄声，一个穿着笔挺制服的国民党军官，带着两个背着驳壳枪的卫兵进了村。村里的两个地主豪绅见来人势头不小，就出来低头哈腰地热情迎接。那军官骑在马上挥着鞭子，说："大部队马上就要到了，为了配合军事行动，今晚上在周家祠堂开会，所有乡绅都要参加，不到的以军法论处。"

△ 方志敏主办的江西农民运动讲习所旧址

　　天刚黑，周家祠堂里就挤满了全村的地主乡绅，那个军官用手电朝每个人脸上照，还拿出一个小本，借着油灯的光，一个一个点名。点完了名，那个军官让他们都到里面屋子里去说话，说有机密事儿商量。

　　地主乡绅们乖乖进了里屋。那军官忽然掏出哨子"嘟嘟嘟"一吹，从祠堂四周进来一群手拿梭镖、土铳的农民革命团员。地主乡绅们一看，都吓瘫了，哆哆嗦嗦地问："你……你们？"

　　那军官"啪"的一声，把国民党军帽往桌子上一扔。卫兵说："他就是大名鼎鼎的方志敏，我们是他领导的工农红军。"

地主乡绅们一听，"咕咚"一声都跪到了地上，哀求方志敏"饶命！饶命！"

方志敏怒喝一声："都给我捆起来，押回根据地，看他们手上沾没沾革命者的鲜血！"

仅过了一年的时间，方志敏就在赣东、赣西和赣南建立了农民协会办事处，派遣大批共产党员、共青团员分赴各县指导农运，先后筹建起五十四个县的农民协会，会员达到三十多万人。1927 年 2 月方志敏当选为江西省农协委员长，主持省农协全面工作，被称为"江西农王"，与湖南农王毛泽东、广东农王彭湃齐名。

→ 革命友谊

★★★★★

（28 岁）

方志敏与毛泽东见过三次面，1926 年 5月，在广州召开的全国第三次劳动大会和广东省第二次农民大会，方志敏第一次见到毛泽东。他们交流了农民运动开展的情况，共同讨论了农民运动在中国革命中的地位和作用等问题。方志敏对毛泽东很崇敬，并同他建立了深厚的情谊。

1927年1月间，毛泽东回湖南考察农民运动，三月发表了著名的《湖南农民运动考察报告》，提出了解决中国农民问题的主张和政策，产生了巨大的影响。1927年3月30日，毛泽东在武汉

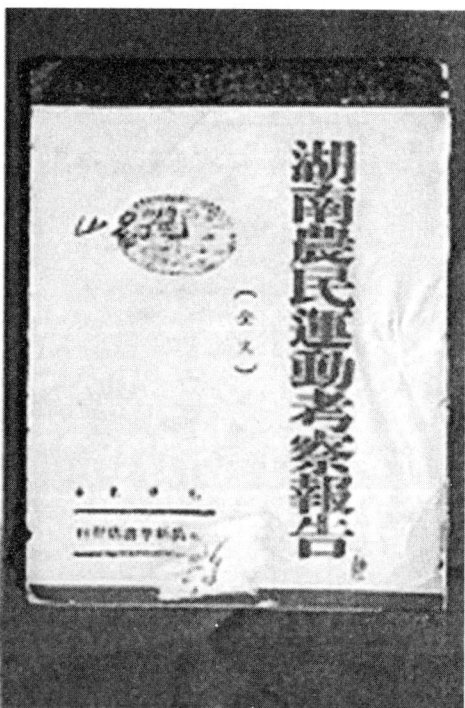

△ 毛泽东与《湖南农民运动考察报告》

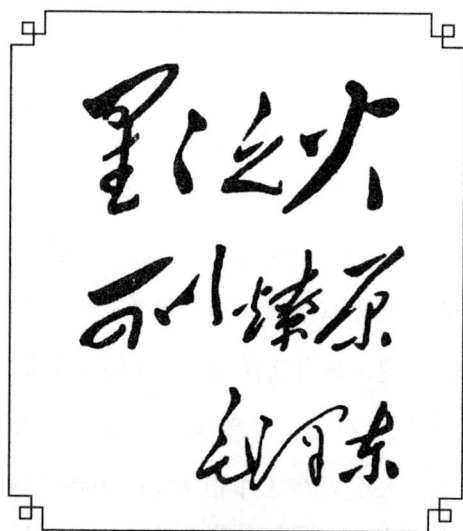

△ 毛泽东手迹

主持召开了湘、鄂、赣、粤农协执行委员会联席会议，方志敏参加了这次会议。同时，毛泽东、彭湃、方志敏及国民党左派邓演达等人参加了全国农民协会筹备会。这两个会议讨论了发展农会组织、解决土地问题、扩大农民武装和建立农村革命政权等问题，议定了一个广泛地重新分配土地的方案。方志敏、彭湃在会上，积极支持毛泽东关于农民问题的主张和分配土地的方案。后来，毛泽东把这份重新分配土地的方案，提交给5月初在武汉召开的党的五大会议上讨论，结果遭到陈独秀的拒绝。在这次全国农民协会筹备会上，毛泽东被选为全国农协临时执行委员会常务委员兼组织部长，方志敏、彭湃、邓演达、谭平山等13人当选中华全国农民协会临时委员会执行委员。方志敏完全赞同毛泽东在《湖南农民运动考察报告》中提出的思想和主张。

1930年毛主席写的《星星之火，可以燎原》一文，赞许方志敏创建的赣东北革命根据地，是"朱德毛泽东式、方志敏式"的根据地，并说，只有这样做"才能促进革命的高潮"。

1934年1月27日，在瑞金召开的中华苏维埃第二次全国代表大会上，毛主席在工作报告中，表扬了赣东北的同志有很好的创造，是模范工作者。他说，赣东北同志把群众生活和革命战争联系起来，把革命的工作方法问题和革命的工作任务问题同时解决了。说他们是革命的良好组织者和领导者，又是群众生活的良好组织者和领导者。

方志敏听到毛主席的表彰也深受鼓舞。他在敌人监狱中写的《我从事革命斗争的略述》一文中讲道："毛主席这段评语，更加提醒我们对苏维埃工作主要的注意点，使我们更加兴奋地去加紧工作。"方志敏要求"赣东北的同志们，要努力工作，保持这个宝贵的荣誉啊！"

➜ 志同道合

★★★★★

（28岁）

1927年6月5日，南昌市黄家巷31号原民德路34号省农协会，一向静僻的气氛突然间被打破，门窗贴上了大红喜字，鞭炮的纸屑洒落在门前。附近的邻居一望便知，又有一对有情人喜结良缘。邻居们打量几眼，既看不到显赫的排场，也不见多少贺客，很快兴趣索然。

可是，人们却不知道，这对新婚夫妇却是大有来头：新郎就是江西省农民协会秘书长、人称"江西农王"28岁的方志敏，新娘则是面容姣好的缪敏。

1927年4月12日，以蒋介石为首的国民党新右派在上海发动反对共产党的四·一二政变。汪精卫控制下的武汉国民政府，表面上坚持国共合作的政策，实际上已经开始由动摇逐步走向反动。5月上旬，驻防宜昌的国民革命军鄂军第一师师长夏斗寅叛变。5月21日湖南长沙又发生反共的马日事变。紧接着，5月下旬控制江西的朱培德也暴露出反共的面目，他召开营长以上的军官会议，宣布驱逐政治工作人员，在武装包围下将政工人员送往牛行车站，经九江去武汉。同时，在南昌街头到处张贴"欢送共产党员出境"、"共产党员如果不出境，就要不客气地对付"等反共标语。6月4日，朱培德又开出一个名单，将共产党重要负责人和国民党左派"礼送出境"。次日，朱培德宣布南昌戒严，下令省总工会和农民协会暂停活动，派兵查封工会、农会，收缴了省农协农民自卫军的武器，强迫解散自卫军。

方志敏和缪敏的婚礼，就是在朱培德"欢送共产党员出境"的时候举行的。为了便于工作，区委批准方志敏和缪敏结为夫妇。在彭湃等人的撮合下，这对革命夫妇在白色恐怖的形势下结成志同道合的人生伴侣，去迎接生活的考验。

缪敏是江西弋阳县葛溪乡缪家村人，生于1909年11月4日。缪敏自幼好学上进，且能歌善舞，在家乡一带远近闻名。她是南昌市女子职业学校的高材生，已经参加革命，入了团，表现很好，生活上也保持着农村女孩艰苦朴素的品质，方志敏对她很有好感。

出席婚礼的宾客虽然只有两位，身份却十分显赫，一位是中共中央长江局书记罗亦农，另一位是全国农协秘书长彭湃。

▷ 罗亦农

◁ 彭湃

　　南昌黄家巷 31 号是省委秘密交通机关。喜事总得有个喜庆的样子。工作人员把红纸买来后，长江局书记罗亦农说："请日本早稻田大学的高材生，我们的才子彭湃同志写副喜联吧。"作为主婚人，彭湃兴之所至，欣然命笔，写下这样一副贺联：

　　　　拥护中央政策力缪双方奋斗到底

　　　　努力加紧下层工作准备流血牺牲

　　这是一副犯忌的贺联。贺联大凡都是祝愿新人举案齐眉、白头到老，很少有人在洞房花烛夜提醒新人准备"流血牺牲"的。然而，无论方志敏还是缪敏，都觉得这是一副情真意切的佳联。这是因为当时正处于大革命失败前夕，国民党反动派实施白色恐怖，大举屠杀共产党人。方志敏是蒋介石重金缉拿的"要犯"之一。

◁ 方志敏与缪敏的结婚画像

　　方志敏一生为革命操劳，就义之后，同志们竟找不出一张他与妻子或儿女的合影，这不能不说是人生的一个遗憾。还是若干年后的一位画家将方志敏和他的妻子缪敏画了一张合影照片，才流传至今。

　　新婚之夜，方志敏、缪敏、罗亦农、彭湃以打麻将作掩护，研究江西的革命形势和斗争策略。罗亦农宣布中央的决定，派方志敏回家乡开展农民运动，准备武装暴动。

　　彭湃关切地问他："你是江西的农王，准备如何施展翻江倒海的本领？"

　　方志敏胸有成竹地说："我要到家乡去发动

泥脚杆子打天下！"

几天后的一个清晨，赣江水雾迷蒙。方志敏告别新婚妻子和彭湃等人，离开了南昌。只身前住弋阳，独自踏上了艰辛的战斗行程。

→ 弋横起义

★★★★★

（29—30 岁）

武汉会议之后，方志敏根据这次会议精神和党的八七会议精神，在白色恐怖中，毅然秘密回到赣东北，在弋阳、横峰一带恢复中共基层组织和农民协会，组织农民武装，发动农民举行革命暴动，走上了开展游击战争、实行土地革命和建立农村革命根据地的道路，从此开辟和创建了赣东北革命根据地。

1928 年 8 月下旬的一个深夜，方志敏乔装打扮回到家中。父母高兴之余，也十分紧张，因为县衙门隔三差五就派兵来抓方志敏。

"回来后有什么打算？"方高翥担忧地问儿子。

方志敏坚定地回答："重起炉灶，从头干起。"

在弋阳，方志敏日夜奔波，仅在七天之内，他就重新组织起二十多个党支部。随后，又在九区的窑头村主持召开了弋阳、横峰、贵溪、铅山、上饶五县共产党联席会议，决定统一行动，发动年关暴动。会议决定成立暴动总指挥部，由方志敏任中共弋阳、横峰、贵溪、铅山、上饶五县工作委员会书记兼暴动总指挥。

会后，根据会议决定，方志敏化名汪祖海，潜至横峰。他带着那半条枪，有时戴一顶绒帽，穿件灰袍子，化装成一个商人，走乡串村，联络同志；有时赤着脚，穿一双草鞋，化装成农民，深入到贫苦农民中，宣传鼓动领导革命运动，方志敏给穷苦农民开会讲革命道理。

方志敏说："我们共产党的道理，就是穷人活不下去了，要平债，要分田，要革命！你们赞成就写上自己的名字，咱们干起来！"

听了方志敏的话，农民们都在红纸上写上了自己的名字，还画押宣誓："革命到底，永不变心！"

就这样，农民革命团组织起来了。经过他的精心组织，全县成立了上百个农民团，每天都有十几批人跑到方志敏住处催问：

"什么时候暴动？"

方志敏答复："还早呢，准备得还不够。"他要求各地加紧购买武器，进行必要的军事训练："暴动意味着打仗，我们不能用头皮去对付国民党的刀枪。"

　　方志敏极力劝说这些脾气火暴的农民领袖耐住性子，打好基础，对于他称之为"霹雳火"的蓝长金更是一再叮嘱。因为，蓝长金所在的楼底村是方志敏的活动中心，楼底村一旦有风吹草动，就会带动全局。

　　蓝长金是楼底村的煤工领袖，出身贫苦，会武功，讲义气，嫉恶如仇。方志敏最欣赏他"舍得一身剐，敢把皇帝拉下马"的拼命精神，也最担心他一言不合、拔拳相向的急躁性格。

　　世上的事就是这么巧，方志敏越是担心哪里，

△ 黄道

哪里就越出事。12月19日，方志敏按约前往弋阳九区与黄道碰头，他前脚刚走，后院就起火了。

原来蓝家沟的农民穷得没法过了，冒着生命危险开了一个小煤窑。

这天，县衙派来一位当官的，带着几个法警来到楼底村来要捐税，这家伙鼻孔朝天，一下轿子便摆出一副盛气凌人的架子发火道："你们每月五块钱的捐，不按期送县缴纳，还待我来催，是何道理！"

"近来煤出得不旺，凿进一洞又一洞，尽是些石壁烂皮！"煤工纷纷解释。

这个当官的态度很蛮横："我们不管你这些，我们只是要捐。"

"没有煤，我们饭都没有吃，哪里有钱交捐，你这人怎么不讲道理！"蓝长金忍不住嚷道。

"呵！原来你们是抗捐不交，我早就听说这里要结党造反，果然如此。看吧！老子回衙门报告，明天就把你捉到牢里去，坐到头发三尺长。你们这帮狗东西！"当官的开始破口大骂。

农民们七嘴八舌地说："不是我们不缴，而是我们连吃的也没有，拿什么缴捐纳税？"

当官的大喊："好呀，你们抗捐不缴，我把你们都抓到牢里！"

蓝长金按捺不住心头怒火，顶撞起来："你说哪个是狗？你才是狗，老子就是不交捐！"

当官的气急败坏，走上前来，照着蓝长金后脑就是一拳。

蓝长金何等功夫，顺势在这家伙的腋下轻轻一托，便将他掀出两三米远，跌了个四脚朝天。几个法警围上来想行凶，也被农民揍了一顿。那家伙翻身爬起来，撒开脚就往县城跑，边跑边喊："你们抗捐不交，还殴打官员，存心造反。看明天官军来收拾你们！"

蓝长金知道情况不好，连夜派人到弋阳九区去请方志敏出主意。方志敏赶回楼底村时，已是深夜。祠堂里聚集着一千余名农民团的骨干，等候方志敏的指示："暴还是不暴？"

方志敏想，事情闹到这个地步，你不暴动敌人也会来抓你，干脆，提前动手，让敌人措手不及。

于是，他毅然发出号令："立即举行暴动。"

1928 年 12 月 20 日，方志敏在楼底村亲自打响了暴动的第一铳，楼底村的农民暴动了。方志敏指挥农民公开亮出工农革命军的旗号，农民革命团斗争了土豪，烧毁了几百份地契，分了几百担粮食，农民还编了歌谣：

湖塘塌塌岭，出个方志敏，

一心干革命，为的是穷人。

这一铳引燃了弋横联合暴动的旱天雷，就这样，从 1928 年 12 月至 1929 年 2 月，方志敏与黄端喜在姚家垄，吴先民在青板桥，程伯谦在葛源，邵式平在邵家坂，黄道在弋阳，分别发动年关暴动，参加暴动的农民达到五六万人，从民团和警察那里夺来几十条枪，基本控制了弋阳和横峰两县。这就是著名的弋（阳）横（峰）暴动。

然而，弋横暴动很快遭到国民党正规部队优势兵力的镇压，红色区域越来越小，最后只剩下了以磨盘山为中心的百余里。暴动失利后，方志敏率部转入磨盘山区坚持斗争。

1929 年 4 月，方志敏任中共弋阳县委书记，并创建了工农革命军第二军第二师第十四团一营一连，领导建立了弋阳、横峰县苏维埃政府，任弋阳县苏维埃政府主席。

6 月，方志敏主持召开弋、横两县县委联席会议，批判了埋枪逃跑的错误主张，确定了反"围剿"斗争的基本战略。

会后，方志敏赴贵溪、波阳、万年、德兴、湖口等县，发展党组织，建立革命武装，组织农民暴动。

不久，方志敏任中共信江特委书记兼中共贵溪县委书记、信江特区苏维埃政府主席，领导建立江西红军独立第一团。

坚持斗争

(1929—1934)

→ 武装割据

★★★★★

（30-31岁）

1929年6月25日，起义部队领导层在方胜峰开会时发生分歧。一部分人提出："全国二百多次起义都失败了，只剩下井冈山和赣东北几处还在支撑，现在又处在敌人的重重包围之中，失败看来是不可避免的。还是明智一点，把枪支埋起来，把红军解散，负责干部到大城市去。"

"群众怎么办? 拖家带口跟我们一起造反的群众怎么办? "性情温和的方志敏尖锐地质问道："如果我们遇到困难就埋枪开溜，丢下群众逃跑，那不是共产党员应有的态度，那样做对不起群众。要走你们走，我方志敏要同起义群众坚持下去! "

方志敏的意见得到了黄道、邵式平的大

力支持。他们商定了三条对策：一是集中红军主力，由邵式平指挥，灵活机动地开展游击斗争；二是派黄道到贵溪开辟新区；三是由方志敏带领六条枪组成手枪队，坚决镇压根据地内的顽固分子，振奋群众的斗争热情。

凡与方志敏交过手的国民党将领都说他用兵飘忽诡秘，神鬼难测。一位被俘的敌军官输得不服气，问："先生用兵精妙，有些方法闻所未闻。您是黄埔几期的？"

方志敏笑着说："实话告诉你吧，我是青山大学毕业的。"

敌军官想破脑袋，也没搞明白，说："敝人

△ 闽浙赣省军区司令部旧址

孤陋寡闻，不知这青山大学在何处？"

"喏，"方志敏用手一指周围的高山峻岭说，"你看，这就是我说的青山大学。"

"难怪先生的战法，我们在兵典上从来没有见过。"敌军官这才恍然大悟。

正是从战争中学习战争，通过咀嚼失败、总结经验，方志敏发明了一套古今战史从未有过的"神兵利器"。他在给江西省委的报告中写道：

红军作战战略，归纳起来可分下列几种：（1）埋伏要道，截击匪军（即扎口子）。（2）诱敌深入，埋伏截击。（3）围魏救赵。如匪军向革命区域进攻，我们即进攻上饶城解围。（4）避实击虚。打得赢就打，打不赢就走。黑夜扰敌营，如敌人驻扎我们革命区域，我们晚间即派小部队去放枪扰乱，使其不得安眠，第二天如有可能就乘疲而攻之。（5）截击匪军交通线与粮食。如匪军驻扎在革命区域，晚间即以一部队前往，截击其交通线及军粮通道。6.有时分散，有时集中，视敌人对我们的分散与集中而言。

经过两年的苦斗，闽浙赣根据地扩展至方圆五百余里，拥有五十二个县二千余万人口。这一时期，方志敏与毛泽东天各一方，音讯不通，但毛泽东发现，他们在探索中国革命道路的许多方面都有着惊人的相似。

1930年1月5日，毛泽东给林彪写了一封信，是为答复林彪的一封对红军前途究竟应该如何估计的征求意见的信。毛泽

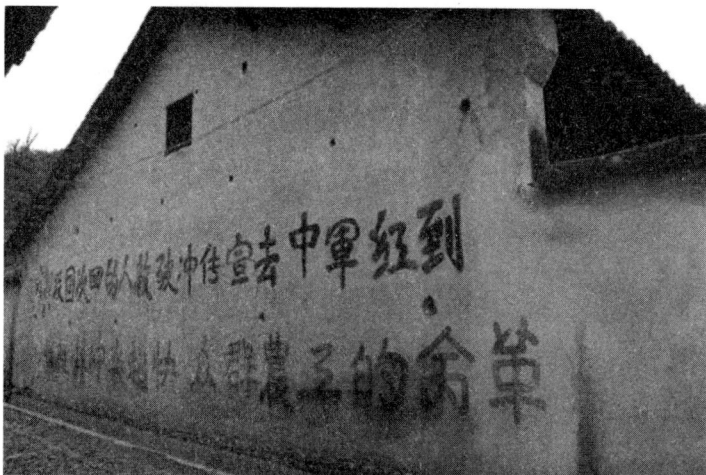

△ 闽浙赣省委旧址外墙标语

东在这封信中不仅严肃批评了当时党内一些同志对时局估量的一种悲观思想，同时高度评价了方志敏式之努力创建根据地，有计划地建设政权的，深入土地革命的，扩大人民武装的路线是经由乡赤卫队、区赤卫大队、县赤卫总队、地方红军直至正规红军这样一套办法的，政权发展是波浪式地向前扩大的等一些政策，无疑义是正确的。这些做法被称之为"朱德毛泽东式、方志敏式"武装割据的模式。这封信公开发表时改题为《星星之火，可以燎原》，可谓意味深长。

查阅毛泽东的全部文稿，他一生只把"方志敏式"的割据方式与"朱德毛泽东式"的井冈山相提并论，这是一种难得的殊荣！

→ 红色之家

（30—36岁）

就在方志敏苦苦追求，呕心沥血建立起弋阳九区红色战斗堡垒，再赴横峰大干一场的时候，波阳县委被叛徒出卖，县委负责同志林修杰、周菽菡和做文印工作的缪敏被捕。两位负责同志在被捕的第三天就被敌人枪杀了，没有暴露身份的缪敏还在狱中。方志敏强忍悲痛继续发动民众，点燃了楼底兰家村"革命的火药箱"。1929年12月底，缪敏被保释出狱，回到了方志敏的身边工作。此后，缪敏一直伴随方志敏南征北战，她曾担任闽浙赣省反帝大同盟主任等重要职务，为赣东北革命根据地和红十军的创建作出了贡献。

缪敏是赣东北革命根据地的著名人物之一，她被邵式平、黄道、汪东兴、方志纯等

▷ 缪敏

同志尊称为"我们的大嫂"。方志敏、缪敏夫妇相伴相随的时间很少，但他们为了党的事业和中华民族的解放，决然地牺牲个人的生活幸福，在血与火的战斗生涯中生死与共，建立了深厚的情感。方志敏对孩子们十分喜爱，可是难得有时间长相聚。在赣东北中心的葛源期间，方志敏工作很忙，回到家里总是看书、阅报告、写文章。即使这样，他也没有忘记带儿子方英出去散步，至今还有人记得他牵着一个四五岁的男孩在葛源街上散步的情景。

有一次，苏区剧团在红军五分校场地演戏，

方志敏全家都去看了。回家后，方志敏接着伏案工作，方英和弟弟方明就在床上拉开蚊帐演起戏来。弟弟既然是演"汉奸"，方英当然不客气地把他捆了起来，大声喝令他跪下，弟弟哇哇大哭起来。方志敏和缪敏看到孩子们假戏真做，高兴地称赞说："演得好！演得像呀！"才华横溢的方志敏也是个活跃人物，1930年1月，他曾编写革命新剧《年关斗争》，并在贵溪亲自登台演出。

1935年6月，缪敏也不幸被捕，随后被国民党当局判了无期徒刑，关押在南昌女子监狱。敌人甚至连孩子也不放过，派兵到缪家村去抓方英，叫嚷让外婆带着孩子去县城坐牢。才4岁的方明当时住在德兴姑姑家，也由姑姑陪着被押到上饶、弋阳来了。乡亲们为了救出方志敏的孩子，不怕受株连，多方奔走，设法营救。由于孩子们实在年幼，无罪可言，敌人害怕激起民愤，在关押了几个月之后，由乡民们具保，不得不释放了他们，临走时还要他们"随传随到"。

当时在牢狱中的方志敏，受尽种种磨难，但还惦记着妻儿，当敌人一次次劝降，妄图以夫妻感情来触动方志敏时，都被他严词拒绝。

1937年抗日战争爆发，经项英、陈毅等同志亲自出面交涉，缪敏才被释放。闽北省委决定缪敏带两个儿子去延安，女儿方梅寄养在农民家里。1938年春末夏初，缪敏母子三人历尽艰难，千里跋涉到达延安。毛泽东在窑洞里亲切接见了她。谈话中，毛泽东笑容满面地弯下腰摸着方英的头问："你知道你爸爸是谁吗？"8岁的方英自豪地抬起头说："我爸爸是方志敏，你还不知道？"毛泽东听了连连点头，高兴地说："是的，我知道，我知道的！"他亲切地勉励他们要好好学习本领，长大了，为爸爸报仇。毛泽东还亲笔为缪敏题写了"没有什么困难可以阻碍人们前进的，只要克服，并加坚持，困难就赶跑了"几个大字，以表彰缪敏为革命作出的贡献，勉励她抚养好烈士后代并为党继续战斗！此后，方英和方明开始接受正规的教育，在革命队伍里茁壮成长。1947年，方英光荣地加入了中国共产党。

缪敏在随后的抗日战争和解放战争中，先后担任了延安女子大学政治指导员，解放军二野华北七纵队供给部副政委，中央冀鲁豫二地委社会部副部长，解放军华北野战军第三医院副政委等职务。全国解放后，缪敏被组织安排回到江西工作，先后担任了中共上饶地委委员、组织部长兼妇委书记，江西省卫生厅副厅长等要职。"文革"中缪敏受到严重冲击并被造反派关押，于1970年1月平反解放。她晚年从事对方志敏及赣东北苏区事迹的收集整理工作，先后撰写出版了《回忆方志敏同志》、《方志敏战斗的一生》等书籍。1973 年，缪敏怀着对家乡的热爱，将稿费两万元捐献给缪家村修建圩堤和校舍，造福于后代。1977 年 7 月 9 日，缪敏因病在南昌家中逝世，享年 68 岁。

→ 宣传红军

★★★★★

（32 岁）

今天当你来到革命老区福建武夷山市，会发现这个市的洋庄乡坑口村一栋土屋的白色外墙上，书写着一条红色的"中国红军万岁"标语，时间尽管过去了八十多年，字迹仍然清晰可辨，这个标语是方志敏当年写的。这是我国众多红军标语中，其作者身份为党内军内地位最高者。

位于福建省最北部的武夷山市原名崇安县，毗邻江西。早在 1927 年 7 月，中共崇安特别支部就宣告成立。接着，这里的人民组织暴动、参加红军、建立苏维埃，崇安成为闽北苏区的首府和闽北政治、经济、文化的中心，其坑口村曾一度成为闽浙赣特委、福建省委等所在地。

第二次国内革命战争时期，作为当时五大革命根据地之一赣东北和闽北革命根据地的主要领导人方志敏，为不断开辟根据地，曾两次率领红十军入闽，第一次是 1931 年 4 月，第二次是 1932 年 9 月。这一红军标语，是他第一次入闽时所写。

1931 年 4 月 27 日，时任红十军政委的方志敏，亲率这个军的三个团共五百多人，从江西省上饶

△ 方志敏在武夷山坑头村农家墙上书写的"中国红军万岁"标语（已被覆盖）

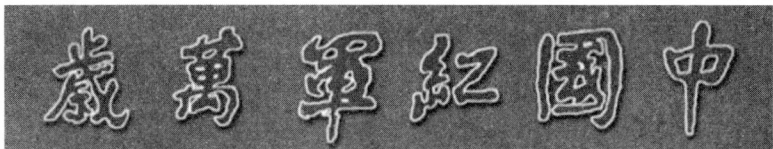

市横峰县的横峰镇出发，30 日到达福建武夷山的坑口村。5 月 1 日至 3 日攻打长涧源，5 月 3 日攻打赤石……前后接连打了 11 仗，"仗仗皆胜"，极大地壮大了革命力量，促进了闽北革命根据地的发展。5 月 7 日，红十军在坑口村为牺牲的红十军八十二团政委胡烈召开追悼会。这天，方志敏亲自书写"中国红军万岁"标语。休整几天后，他们又挥师返回赣东北。

回赣前，红十军将缴获的武器弹药全数留在闽北，把英勇善战的特务营也留在闽北，委派原红十军特务营营长黄立贵担任闽北独立团团长。后来，黄立贵不负所托，率领独立团占领崇安县城，迎来了崇安的第一次解放，武夷山下风展红旗如画。

➀ 爱憎分明

★★★★★

（32–34 岁）

方志敏心慈面善，性情温和，在闽浙赣苏区是出了名的。尽管他享有崇高威望，被军民称为"恩人"或"救星"，但他总是以公仆的谦逊、热忱和勤奋为群众服务。方志敏虽然像冬日的太阳始终发着温煦的光芒，在斗争中，他可以为革命大义灭亲，可以置自己的生死于度外，但却不能容忍党内任何一位同志受委屈，他也时常发出雄狮般的怒吼。他曾拍过三次桌子，其冲冠之怒、雷霆之威令人不敢轻撄其锋。最后竟被关禁闭。为了大局，他作出平生第一件违心之举。

第一次发火：军官打骂士兵。

匡龙海是闽浙赣红军的著名战将，人称"怒虎"。他是从国民党军队中哗变过来的，打仗狠，但管教士兵时下手也狠，动不动就拿军棍打人，搞体罚，经常有下级军官到方志敏面前哭诉。方志敏抚摸着下级军官身上青一块紫一块的伤痕，难过得掉下眼泪。他下令召开连长以上干部会议，帮助匡龙海肃清军阀作风。

可匡龙海是个犟脾气，不容易拐弯，他执拗地说："我虽然在红军里当了官，但你要我不打士兵做不到。"

方志敏耐心地开导他："我们是红军，不是白军，我们的战士都是受剥削、受压迫的劳苦群众，是阶级兄弟，怎能随便打他们呢？老匡，你现在是一名红军指挥员，应当懂得这个道理。"

"中国人是骆驼性子，不打不行。"

匡龙海出言不逊惹怒了方志敏。他用劲儿一拍桌子，大声说："你是不是中国人？难道也是不打不行的骆驼？你可以打下级军官，我可不可以打你？"

大家还没有见过方志敏发怒的样子，这次算是开了眼。他蒲扇大的巴掌拍下去，桌上的粗瓷大碗震得丁当直响，他脸涨得通红，吼声像旱雷突然炸响，眼睛逼视着对方，仿佛要喷出火来。

匡龙海不敢再犟嘴。在这次会议上，方志敏废除了红军中的体罚制度，建立了官兵一致的部队纪律。匡龙海也在大家的帮助下，认识了自己的错误，成为一位出色的指挥员，后来担任了红十军参谋长等重要职务。

第二次发火：担心烈属安全。

△ 闽浙赣革命根据地主要领导人方志敏

　　闽浙赣省苏维埃政府副主席徐大妹的儿子王老五是赣东北省工会常委，他在前往弋阳乐河组织船帮工会时被敌人逮捕。在弋阳县城对面的河滩上，敌人先用禾斛盖住他的身体，用烟熏，接着用马刀活活将他分尸四块，剖开胸膛，掏出心肝肺丢到河里，砍下头颅悬挂在城门示众。

　　王老五惨死的消息传遍根据地，闻者无不愤怒，大家纷纷要求到弋阳县城杀敌报仇。

　　方志敏派人将徐大妹接到苏区首府葛源，安慰她，问她有什么要求。

　　"我只有一个要求，派我回弋阳工作。"徐大妹是位坚强的母亲，复仇的怒火已经烧干了她的眼泪。

"你是乐平人，对弋阳人地两生，去那里能做什么？"方志敏拿出 60 元钱，耐心地劝道："你还是回老家去吧。"

"不！"徐大妹坚持道，"我儿子是在弋阳牺牲的，我要到那里去，杀不了敌人，咬他们一口也是好的！"

方志敏坚决不同意："那里没有建立党的支部，没有苏维埃，你去很危险。"

徐大妹根本不听劝，转身就往外闯。方志敏急了，狠狠地一掌拍在桌子上，大声吼道："你以为我不想报仇吗？我的弟弟方志慧，我的叔伯方高显，我的堂兄方远辉、方远杰都是在弋阳牺牲的，我做梦都想为他们报仇。但是，我们是革命者，不能凭血气行事，要讲策略，守纪律。根据地刚刚失去了一位英雄的儿子，不能再失去你这位英雄的母亲！"

方志敏讲到激动时，热泪盈眶。徐大妹也掉下了眼泪，不再提去弋阳的事，而是要求继续留在红军队伍里工作。后来，她担任了省苏维埃政府副主席。中央几次来电调徐大妹到中央苏区去，方志敏坚决不同意，原因是从闽北到中央苏区有八十余里封锁线要通过，徐大妹是个小脚，行动不便，方志敏怕她被敌人擒获。

第三次发火：拯救无辜同志。

方志敏发火动怒从不为个人或家庭，即使是亲人蒙冤受屈、遭受不公正待遇，他也从不多言，相信组织上能够妥善处理。

做他的亲戚，好处沾不到零星半点，但吃苦受累总是首当其冲。对此，他的堂弟方志纯体会最深。

一次，中央下令红十军开赴中央苏区参加第四次反"围剿"斗争。红十军绝大多数指战员，都是闽浙赣的工人、农民，故土难舍，不大愿意离开家乡。方志敏找到担任师长的方志纯说："红十军奉调到中央苏区去，有的同志想不通，不想去。这种情绪不好，要服从中央的命令。你是赣东北的'老人'，是领导干部，又是我的弟弟，你要带头去。"

方志纯接受命令，与邵式平一起带领红十军来到瑞金，调任红十军三十一师政委。在中央苏区期间，方志纯因讲实话被戴上三顶帽子："怀疑中央"、"散布悲观论调"、"不顾群众死活"，后来又步步升级，被关押受审。政治保卫局将他吊打三天，逼他承认是国民党"AB"团。第三天晚上，审讯人员来问："你还有什么话要说？"方志纯知道，这大概是最后的时候了，他说："你们愿意杀就杀，我无法拦住你们。我绝不是'AB'团，也不是反革命！我只有一个要求，请替我发两个电报，一个给项英同志，一个给方志敏同志，向他们报告一下我的情况。"第四天早晨，保卫局的人将方志纯从梁上放下来，和颜悦色地说：“对不起，你受委屈了，吃早饭去吧！”方志纯一打听，原来项英接到电报后，立即复电，说方志纯是个好同志，他愿以生命作保！

自始至终，方志敏却未插手弟弟的案件。

然而，对于素昧平生的党内同志，只要他们含冤叫屈，他总是第一个站出来说话，无论对手是谁，无论形势何等险恶。

曾洪易被闽浙赣苏区军民称之为“灾星”。1931年7月，他作为“中央代表”来到苏区，他做的第一件事就是剥夺方志敏对党和军队的领导权，然后开始了大规模的“肃反”运动，把矛头对准了党内以吴先民为代表的“反对派”。

人们都怕“曾代表”谈话，凡是谈过话的人轻则撤职查办，重则公审枪毙。背地里，大家都称曾洪易为“曾阎王”。眼看一个个熟悉的干部以各种名义被诛杀，眼看党内、军队内和政权机关人心惶惶，方志敏无法保持沉默。

在省委会议上，面对权倾一时的“钦差大臣”，方志敏提出质问：“闽浙赣党内是坏人多还是好人多？如果是坏人多，根据地和红军怎么能够从无到有、从小到大？如何说是好人多，这样不分青红皂白地怀疑一切，是否有问题？”

曾洪易咄咄逼人：“在你方志敏的眼里，根据地就没有坏人了？”

“有，但是没有你想象的那么多！”

会后，在曾洪易的授意下，中共赣东北省委发出《关于“肃反”

▷ 吴先民

胜利中的经验教训》，杀气腾腾地发出最后警告：
"如果还有谁对吴先民的反革命表示怀疑，这不
仅是简单的思想上、客观上帮助了反革命的错误，
而且他的本身事实上就是自觉的反革命！"

曾洪易划下界线：谁帮吴先民说话，谁就是
反革命！

高压之下，大多数干部都沉默了，但有两个
人挺身而出，激烈地争辩，他们的声音吸引住全
体军民的注意力。

这两个人就是省苏维埃主席方志敏和省军
委主席邵式平。

他们太了解吴先民了。

吴先民是闽浙赣苏区的主要创始人之一。为

了发动农民运动，他从革家庭的命做起，一把火当众烧掉田契、借据，赢得了穷人的信任。他曾任红十军政治部主任和代理政委等职，由于对曾洪易的"左"倾领导不满而成为打击对象，被捕入狱。

曾洪易铁心要杀吴先民，方志敏坚决反对，两人在省委常委会议上互不相让，争论了两天。

"既然吴先民是工农阶级的异己分子，那他为什么还要千方百计地帮助工农创建根据地？你从逻辑上说得通吗？"方志敏嘴唇都气青了。

"这有什么说不通的？吴先民一伙创建苏区是为了破坏苏区，是为了彻底打击工农的希望。"曾洪易直着脖子发狠："不仅吴先民要杀，他笔记本上写了名字的区委书记、军队指挥员都要抓起来，一个不能漏！"

"哪个人做工作，不在笔记本上记名字？"方志敏怒不可遏。

"别人记可以，他记就不行！"曾洪易蛮横地说。

两人嘴上白沫都出来了，把桌子拍得震山响，两天争论下来，一张长方形的饭桌拍成了破桌。曾洪易一声令下，公审处决吴先民，将方志敏和邵式平关入禁闭室，停职反省。

这时，根据地只剩下纵横二三百里的区域了，并且受到了敌军重兵围攻，而曾洪易却在天天杀自己的同志。坐在禁闭室，方志敏心如刀绞。他后来在回忆录中写道："赣东北和闽北的肃反工作，是有错误的，无形中使革命受到不少损失"，"放走一个反革命派，固然是革命的损失，错办一个革命同志，又何尝不是革命的损失？"

依照方志敏正道直行的性格，就是抽筋吸髓，他也不会向邪恶低头。但是，为了拯救危难之中的军民，为了在力所能及的范围内抵制或减轻"左"的危害，他屈辱地写了书面检讨。为了大局，邵式平也作了同样的选择。

曾洪易将方志敏、邵式平的检讨印成党内文件，大肆散发。

方志敏不服，向中央提出申诉，遭致临时中央更加严厉的制裁。1933 年 10 月，中央通知不是中央委员的曾洪易去参加六届五中全会，而在"六大"上当选为正式中央委员的方志敏却被排斥在会外。在这种形势下，具体负责作战指挥的王如痴、刘畴西等人也以各种借口，不再听从方志敏调遣。一年后，当闽浙赣苏区丧失殆尽时，中央才意识到方志敏关于停止"肃反"和机动出击的建议是正确的，但为时太晚！

方志敏仗义执言，结果被关禁闭，险遭杀身之祸。

→ 粉碎"围剿"

本来，红军得到很大发展，装备也有明显改善，完全可以对付敌人发动的第二次全国性"围剿"的。可是，新任红十军政委涂振农软弱惊慌，不打一仗，眼看着苏区的土地一天天被占领。方志敏极为痛心，为力挽危局，他在特委会议上批判了涂振农的逃跑主义思想，由方志敏接任涂振农代理红十军政委，并得到中央批准。方志敏立即和邵式平、周建屏率领红十军向贵溪方向行动，用包围、设伏、奔袭战术三战三捷，使贵、余、万苏区稳定下来。正在这时，闽北告急！独立团长在敌人"围剿"中不幸牺牲，被围困部队处境险恶。方志敏考虑全局，同意邵式平、黄道等人提议，由他们留下来组织各县区武装和赤卫队，继续开展游击战争，暂时对付敌人对赣东北的进攻，而他自己则和周建屏率领红十军向闽北急速进发，一鼓作气连打十一仗，每战皆捷，收复了闽北根据地。至此，粉碎了蒋介石的第二次"围剿"。

1932年9月，方志敏二次援闽作战，是奉中央通知，扩大闽北苏区，使之和赣东北苏区连成一片，进而打通与中央苏区的联系，为开展第四次反"围剿"斗争建立巩固的根据地。肩负重任的方志敏和同志们制定了周密的作战计划，在进闽二十二天的转战中，消灭敌人四个团，调动敌人几个师，打乱了敌人整个部署。

之后，红十军即分路牵着敌六七个师，忽东忽西地兜圈子，一看准机会，就回头打它一下，弄得敌人损兵折将，毫无办法。战场上取得主动，根据地随之扩大，新打出了余干苏区，开辟了皖浙赣边界的(开)化、婺(源)、德(兴)苏区。这样，到1932年12月，中央苏维埃便决定将赣东北省改为闽浙赣省。方志敏任省苏维埃主席。此后，红十军继续避开正面强敌，东向浙江，北出皖南，巩固和发展皖浙赣边界苏区，并准备寻机配合中央红军，彻底粉碎敌人的第四次"围剿"。

恰在这时，突然接到中央军委将红十军调往中央根据地的电令，方志敏内心十分不平静：红十军是他和战友们历尽千辛万苦创建起来的，又经过多年浴血奋战才达到如今的规模，眼下一走，第四次反"围剿"正需用兵，闽浙赣失去了主力军的支持又怎能战胜强敌呢？为什么非得将红十军调走不可呢？果然，两个月后，方志敏才得知毛泽东根本不知道红十军调往赣南中央苏区的事。当时，毛泽东问邵式平和方志纯："你们为什么把部队带到这里来？""是中央调我们来的呀。"毛泽东沉默了，好一会儿才说："红十军不应当调到中央苏区来，应该加强你们赣东北根据地。你们那里搞得好，以武夷山为中心，发展武装力量，可以直捣杭州、威胁南京。"这时候的党中央，正

△ 中国工农红军第十军军旗

被王明"左"倾冒险主义路线所把持着，他们以批准毛泽东养病为名，实际上已撤了他红军总政治委员职务。

红十军调走了，方志敏建议组建新的红十军，以应付闽浙赣省面临的困难局面。他以赤色警卫师一千五百余人为基础，集中各县独立团、营的部分人和枪，抽调省、县两级的九十多名巡视员任连、排长，编成二十八师、二十九师和三十师，组建了一个新的红十军，接着又开展"扩红"，一下又扩军三千多人，给新十军和县独立团补充了兵员。此时到达中央根据地的红十军已改为红十一军，首先攻克了余溪、光泽，消灭了周志群部一个团，与中央红军协同作战，牵制了敌人的三个师。方志敏趁此机会，在弋阳、贵溪地区，对新调防来的敌人发动突然袭击，随之主动跳到浙西，又一次攻克开化，并大力开展群众工作，扩大了开化婺源德兴苏区。2月底，红十一军与中央红军协同作战，又开辟了闽浙赣苏区的信(江)抚(河)分区，方志敏乘势率部从开化、婺源、德兴突返周坊，会同贵溪独立营、游击队消灭了敌人第四师和二十一师各一部，从而粉碎了敌人的第四次"围剿"。

经过第四次反"围剿"的胜利，赣东北根据地的形势趋向稳定。方志敏腾出手来专抓政权建设工作。他深入基层，先到横峰，再到弋阳，又去乐平、景德镇、德兴，到处发动群众，选举干部，恢复组织，整顿武装，发展生产。1933年3月，闽浙赣省工农兵第二次代表大会在葛源召开，方志敏致了开幕词，

◁ 江西横峰县葛源镇

作了工作报告。眼看各项工作很有起色之时，传来了蒋介石在庐山召开军事会议，准备集结100万军队发动第五次"围剿"的消息。身为闽浙赣省委书记的方志敏率领闽浙赣苏区军民全力投入第五次反"围剿"斗争之中。然而王明"左"倾路线却批评方志敏向皖南发展是"分散保卫苏区力量的错误行动"，是"分散主义"；摆地雷阵，是"单纯的防御"，是军事上的"右倾保守主义"等。由于"左"倾路线的错误，我们没有能够赢得第五次反"围剿"的胜利，敌人终于迫近闽浙赣苏维埃省会葛源。

忠诚于党

（1935）

➡ 身陷囹圄

1934年10月初，方志敏接到中央军委电令，要他重组北上抗日先遣队，向皖南出击，开辟新区，北上抗日。

先遣队最初从瑞金出发时，正是中央革命根据地五次反"围剿"面临失败的紧急关头，中央军委赋予先遣队的另一使命是，要吸引和调动一部分敌人，以配合中央主力红军即将实行的战略转移，掩护中央红军向西长征。此时，红军主力已出发长征，一支只有几千人的先遣队要完成如此艰巨的战略任务，方志敏深感责任重大。遵照军委的命令，面对这一危急形势，一些人悲观消沉，方志敏却鼓励大家振奋精神。先遣队与闽浙赣苏区的新红十军及地方武装实行合编，成立了红十军团。

组成北上抗日先遣队的红十军团一万余人孤军进入皖南后，连遭国民党军队的围追堵截，部队有耗无补，损失极大。1935年1月24日，部队在通过怀玉山封锁线时陷入敌人的重围之中，被敌人截成了两截。方志敏率领的八百余人冲出了包围圈，却发现大队没有跟上来。作为主要领导的方志敏提出要去寻找被围的部队。师长粟裕和其他同志要方志敏先去赣东北苏区，他们回去接应。方志敏说："不行！我没有理由留在这里，我要把战士们带出来！"

方志敏命令让他们先行，毫不犹豫，不顾个人安危，自己率十余人趁黑夜再次潜入包围圈，在生死关头，方志敏以高度的责任心自愿走上最危险之路。方志敏找到了大部队后马上组织突围。

大队人马已经被敌人的十四个团重重包围着，情况万分危急，敌人见人就杀，见粮就抢，见房就烧。红军被包围在荒山僻野之中，没有吃的，只能采集野果充饥；野菜也采集不到了，只得忍饥挨饿一次次突围。

天黑后，饥疲不堪的方志敏在山坡上燃起两堆大火，向四周大喊："我是方志敏，快出来向我靠拢！"他招呼那些躲藏在丛林沟壑中的红军战士。在他身边，聚集起八十余人。他们昼伏夜动，朝赣东北方向挪动。方志敏已经七天没吃东西了，饿得两腿站不住。他带领战士翻山越岭,鼓励战士们说"吃不得苦,革不得命。苦算什么，越苦越要干。"

天亮后，众多敌军压来，部队再度被打散，方志敏命令机要员把文件和密码烧掉，说："党员无论什么时候都要保守党的机密。"有的战士有些灰心，方志敏说："我们只是一支小部队，红军主力还在，胜利仍然是我们的。共产党是永远打不垮的！"有个战士建议方志敏化装，到白区去躲避一阵，方志敏摇摇头。

1935年1月27日晚，方志敏、刘畴西、王如痴、魏长发等四人离开了怀玉山太阳坑，行进在茫茫原始森林的九十九坞，又一次迷失了方向，四人失散了。刘畴西、王如痴由九十九坞往德兴交界的下山坞突围，而方志敏与魏长发由九十九坞向陇首高竹山突围。晚上，方志敏隐蔽在一个石煤洞里。

第二天天亮了，警卫员魏长发见周围没有敌人搜捕，偷偷地离开了方志敏，准备下山寻找粮食。

魏长发刚离开高竹山石煤洞下山来到不足三华里的枫岭头时，就被敌四十三旅七二七团的守敌逮住了。他在敌人的威逼利诱下变节投降。

原以为方志敏已冲出了怀玉山包围圈，正准备撤退的追剿敌人听叛徒魏长发的告密后，便像马蜂一样涌向高竹山，加紧满山搜捕。

躲在石煤洞里的方志敏，不见警卫员魏长发，便警惕起来，两次冲向程家湾敌人封锁线，都没有冲过去。天已大亮了，方志敏又在敌人碉堡监视中，无法再跑了，便返回到离石煤洞

▷ 怀玉山

200 米处高竹山一棵木梓树下，用烂树枝，铺在身上，独自一人躺在柴窝里。

敌人大队人马搜查了六个小时，几次从坑口经过就是没有发现破绽。等大队人马远去后，方志敏掀开树枝，从坑里出来，准备转移到其他地点。

两个国民党兵在上山送饭时，其中的一个炊事兵无意中用挑饭的扁担插了一下身旁的柴堆，正好插在了方志敏受伤的左腿上。他们对方志敏进行搜身，除一只怀表和一支自来水笔外，一个铜板也没有找到。两个士兵又认认真真地搜查了一遍，从上身摸到下身，从袄领捏到袜底，仍然一无所有。

"你是不是方志敏？"一位士兵疑惑地问，"你身上的钱呢？"

"我是方志敏，但我身上确实一个铜板都没有。"

当两个敌人得知，面前的这个高大的军人就是蒋介石悬赏八万大洋捉拿的方志敏时，他们幸灾乐祸。他们想到的是这个身价八万的人随身带的零花钱也不会少。

敌人当中的一个，左手拿着一个手榴弹，右手拉出手榴弹中的引线，双脚拉开一步，作出要抛掷的姿势，用凶恶的眼光盯住方志敏，威吓地吼道：

"赶快将钱拿出来，不然就是一炸弹，把

△ 江西苏区的于都河。1934年10月长征开始时红军总部的部队所渡过的第一条河。

你炸死！"

"哼！你不要做出那难看的样子来吧！我确实一个铜板都没有存；想从我这里发洋财，是想错了。"方志敏微笑着淡淡地说。

"你骗谁？像你这样的大官会没有钱？"那个士兵弓着腰第三次搜身，将衣角裤裆也细细地捏了一遍，希望搜出大捆现钞或者一些金子，结果仍然是两手空空。

方志敏淡淡地笑道："你们不要瞎忙了！我不比你们国民党的大官，个个都有钱，我今天确实是一个铜板也没有，我们革命不是为着发财的，清贫是我们共产党人的本色。"方志敏向他们说道。

等两个敌人确信在方志敏身上搜不出什么的时候，也就停手不搜了。又在方志敏藏躲地方的周围，低头注目搜寻了一番，也毫无所得，他们是多么的失望啊！那个拿着手榴弹的敌人，将出来的引线，塞进手榴弹的木柄里，转过来抢夺方志敏的怀表和水笔。他们瓜分了怀表与自来水笔，"真他妈的晦气！"两个敌人垂头丧气地押着方志敏到旅部，希望上司能多给几个赏钱。

敌人始终不相信，堂堂共产党的领导，竟如此穷酸。正如方志敏所说："清贫，洁白朴素的生活，正是我们革命者能够战胜许多困难的地方。"

→ 浩然正气

★★★★★

（36岁）

　　抓住了方志敏，把国民党反动派乐坏了。他们认为，抓住了方志敏是"剿共"的一个重大胜利，他们把方志敏从玉山押解到上饶国民党赣浙皖闽四省"剿匪"司令部。主审官为赵观涛司令长官和从南昌专程赶来的国民党江西省党部书记长俞伯庆。赵、俞为羞辱方志敏，软化其强硬立场，使出了游街示众这一招。他们要在上饶举行一个"庆祝大会"，以打击革命气焰。

　　1935年2月2日，敌人将方志敏五花大绑，戴上脚镣手铐，押上警车游街示众。但是，围观的市民看到的并不是一位魂飞魄散、黯然神伤的俘虏，而是一名正气凛然、慷慨激昂的勇士。方志敏站在台上，昂首挺立，正

▷ 浩然正气的方志敏

气浩然。上饶的劳苦大众看着不幸落在敌人手中的方志敏，心情都很沉重，许多人低下了头暗暗落泪。

见此情景，敌人的一个军官气焰嚣张，他在台上带头喊起了反共口号，可是台下却无人响应，这可激怒了那个军官，他恼羞成怒把手枪"啪"的一声扔在桌子上，怒吼着："谁不喊就抓起来！"他又声嘶力竭地喊起来，可是台下的人像没有听见一样，仍然一片沉默。方志敏这时感到一种莫大的欣慰，他的脸上出现了笑容，他知道，老百姓心向着革命，只要革命的火种不灭，共产主义就一定能够胜利。

敌人企图通过示众的方式，扼杀革命火种的阴谋失败了，"庆祝大会"草草收场。

游街回来，赵观涛自我解嘲地说："我们真蠢，自己搭台让别人唱戏，既费力又不讨好。"

俞伯庆思虑得似乎更深远："最令我胆寒的是市民的态度，太静默了。还是早点送到南昌算了，免得惹出事来。"

敌人要把方志敏押送到南昌，途中要经过方志敏的家乡弋阳县。不甘心失败的敌人又要在弋阳开一个"庆祝大会"。可是，愤怒的几千名弋阳百姓，个个手拿锄头、木棍、扁担，聚集在公路两旁，准备抢回他们敬爱的领袖方志敏。敌人哪还敢开什么大会庆祝，慌忙把方志敏押进装甲车，惊慌逃走。

1935 年 2 月 6 日，方志敏被反动派押在装甲车上，在南昌城游行示众。他挺立在四周插满刺刀的凶笼里，对路两旁的群众，微笑着抱拳致意。

接着，国民党反动派在南昌豫章公园举行"庆祝生擒方志敏大会"。心虚的敌人害怕有人把方志敏抢走，公园里军警如林，警备森严，四周架起了机关枪。

方志敏被绳索捆成五花大绑押上台子。一个敌军官发表了一通庆祝生擒方志敏"胜利"的讲话，然后让方志敏低头认罪，交代罪行。

方志敏镇定自若地向成百上千的群众高声说道："同胞们！

我很高兴能和大家见面。我们中国外受帝国主义侵略，内受贪官污吏剥削统治，国将不国，民不聊生。我们应该怎么办？"敌人没有想到，他们精心策划的"庆祝大会"竟然成了方志敏宣传革命的演讲大会，敌军官赶紧下令："快! 快把他拉下去! "

方志敏趁着敌人手忙脚乱，继续大声喊道："共产党人是杀不完的，你们一定要继续我未完成的事业，努力奋斗! "

一位跟踪采访的美国记者对现场情景作了这样的报道：

会场周围都排列着警察队伍，街上架着机关枪，谁也不准从路旁跑入街心。戴了脚镣手铐而站立在铁甲车上的方志敏，其态度之激昂，使观众表现无限信仰。周围是由大队兵马森严戒备着。观众看见方志敏后，谁也不发一言，大家默然无声。即便蒋介石参谋部之军官亦莫不如此。观众人人默然，足见观众对此气魄昂然之囚犯，表示无限尊敬与同情。

方志敏则抓住时机，对被反动派逼观的几千名群众大声宣讲革命道理。吓得反动派目瞪口呆，急忙把方志敏塞进铁甲车带走，不敢再来第二次。

从上饶到弋阳，又到南昌，敌人的三次"庆

祝大会"不但没有开成，相反倒成了方志敏宣传革命的战场，成为点燃革命火种的战机。

→ 宁死不屈

★★★★★

（36岁）

蒋介石获悉方志敏被抓到了，立即密令国民党江西省党部千方百计劝降方志敏。于是，一个时期以来，劝降的人像走马灯一样来了一个又一个。

敌人出动四辆装甲车和五辆卡车，由赵观涛、俞伯庆亲自押送，将方志敏解至南昌蒋介石驻赣绥靖公署军法看守所。先是由军法处副处长钱协民来做说服工作。他喊手下搬来一个凳子，又说不好，又换来一把椅子。

军法处长换了一副口气地对方志敏说："方先生，这又何必呢，你看看你们那些人不像人枪不像枪的军队，就靠那些人，能把蒋委员长打败吗？我忠告你，你们既然一败涂地，何必钻牛角尖。像你这样杰出的人才，国民党会给你高官厚禄的。"

方志敏打断他的话，说："共产党人信仰共产主义，功名利禄视如粪土。"

"方先生，信仰要实现，得几百年。何必当傻子，识时务者为俊杰。"

"我也直言相告，你别枉费口舌了。"方志敏坚定地说，"我们共产党人经过了长期血与火的考验，有着不可动摇的信仰。"

"什么信仰！你认识湘鄂赣红军总司令孔荷宠吗？他就聪明得很，听了我的一番忠言，幡然醒悟，现在极蒙上司器重，少将参议，每月500元薪金。"钱协民得意之色，溢于言表。

方志敏一听姓孔的，非常愤怒，站起身来厉声说道："他是无耻的叛徒，我决不会像他一样。革命者宁可被敌人残杀，绝不投降敌人，要我屈膝投降，休想！我不爱爵位，也不爱金钱，只爱真理，你们有真理吗？"

钱协民在方志敏那里碰了一鼻子灰，他请出了国民党江西省党部的头子俞伯庆对方志敏假惺惺地说："蒋委员长很想重用你，你为什么不早点说出来呢？"

方志敏听了，鼻子哼了一声，说："蒋介石是什么东西！"

俞伯庆又说："你们不是失败了吗？"

方志敏坚定地说："你听过这样一句格言吗：鹰有时比鸡

飞的还低，可是鸡永远超过不了鹰。我们在军事上暂时失败了，但政治上我们并没有失败。因为我们的事业是正义的，正义的事业是一定要胜利的，就像那赣江的滚滚洪流一样，始终奔腾向前。我可以告诉们，我们永远不会失败！"

国民党绥靖公署主任顾祝同不认输，物色一批能说会道的辩士、有名望的地方绅士和方志敏的同乡同学带着水果、点心来到监狱轮流探监，充当说客，企图劝降方志敏。他们找来了国民党弋阳县县长张抢元，张抢元是江西余干人，担任弋阳县长长达十年，可以说是方志敏的老对

△ 关押方志敏的监狱

手了。战而擒之，擒而屈之，是张抢元最大的梦想。现在，大敌已成阶下之囚，但他心里仍有许多疑团没有解开。弋阳是方志敏揭竿起义的地方。他不明白弋阳暴动时的星星之火，如何能成燃遍福建、浙江、江西三省的燎原烈焰，他不明白数百名"刁民"组成的队伍怎么会越剿越大、越剿越强，竟能发展成为纵横无敌的雄师劲旅。他自认为自己殚尽心血，勤政理民，黎民不仅不感激，反而成群结队地倒向方志敏。于是，带着几分傲慢、几分好奇，他带领弋阳地方绅士和方志敏昔日朋友来到上饶探监。经过一场激烈的舌战，他找到了谜底。解放后，张抢元在上海被捕入狱，在狱中写的交代材料中，记述了他同方志敏烈士谈话的实况：

余是方志敏家乡的地方长官，奉命率弋阳地方绅士及方志敏昔日朋友赴饶探视、劝说。过去对方志敏只闻其名，不见其人，此与方交谈后，脑中留下深刻影响，常感其人格之伟大，吾等无地自容矣。

初见面时，我问方志敏："你今日因何失败？"方答："因战略上的错误而失败。"

我问："你现在有何希望否？"方答："希望蒋介石赶快把我枪毙。"

我说："先生为组训民众能手，今日对日本外交紧急，我想蒋委员长必定会重视你的生命。"方怒视不答。

我问："你对国军观念如何？"方答："你们人多。"

我问："我们今日能抗日否？"方答："红军能抗日，国民党也

◁ 方志敏大义凛然

能抗日，可恨蒋介石不肯抗日。”

我问：“你看我们设施有无进步？”方答：“你们多筑修了几条公路，筑路也为的是‘剿共’。”

我问：“你对分田看法如何？”方答：“很好，是完全必要的。”

这时，旁有人插言：“分田不能种，农民仍得不到好处。”方厉声作色道：“分田不能种，非农民不愿种，乃因国军扰乱他们，你看苏区里面的田，因未有国军扰乱，他们不是种得很好吗！”

又有人起哄：“方志敏，你也有今日！”方冷笑答：“你不要得意，以为捉到我就了事，将来你再看吧！”

这时，金鼎三（弋阳地方绅士、工商业者）询问方志敏：“你的家属，现在什么地方？”方答：“在苏区里面。"金问："你有话交代她们吗？"方答："将来如果你见到他们的时候，可寄语他们不要悲伤，说我是为革命而死，大可不必悲伤。"

金问："你被俘后，还有什么要说？"方答："我死倒不足惜，不幸革命受了损失。"

方志敏念念不忘革命，其态度从容，神色自若，说话很有分寸，我从未见过如此人物，窃叹蒋介石、国民党不为国家爱惜人才。

张抢元受方志敏谈话的影响，对共产党有了新的认识。抗战爆发后，他主动前往铅山石垅与在当地坚持游击战的中共闽赣省委书记黄道同志商谈合作抗日问题，允许共产党在弋阳组织抗日救亡运动，并电请国民党江西省政府保释被判处无期徒刑的原闽浙赣省苏维埃副主席徐大妹出狱。还同意他的两个女儿参加共产党领导的抗日救亡团体，对共产党的活动给予一定的方便。1939年，张抢元调任国民党南城专员。国共合作破裂后，他毅然弃政从教。解放后，他在上海被捕入狱，后受到我人民政府的宽大处理。

敌人没有劝降方志敏，相反监狱里的一些看守却被方志敏的正义所感动，被方志敏感化了。

高易鹏，看守所文书，不满监狱长官的腐败。经过与方志敏的交谈，他认识到监狱的种种丑恶现象只是国民党黑暗统治的具体表现，他敬仰方志敏，自愿为他越狱做内应。

凌凤梧，看守所代理所长，从方志敏身上看到了大丈夫贫贱不移、富贵不淫、威武不屈的英姿，冒着风险为方志敏减轻镣铐、传递消息。

愚蠢的敌人不甘心失败，仍然寄希望于通过劝降手段，让方志敏投降。

1935 年 6 月，敌人又抓到了方志敏的爱人缪敏，并判其无期徒刑，关押在南昌女子监狱。在另一座监牢中，当敌人以夫妻父子感情对受尽折磨的方志敏诱降时，方志敏严词回绝："我失去了自由，妻子和儿女哪还能顾得到？我只有抛下他们。"

顾祝同最后亲自出马，好话说尽，得到的回答却是："投降？你国民党是什么东西？一伙凶恶的强盗！一伙无耻的卖国汉奸！一伙屠杀工农的刽子手！我与你们势不两立，你能砍下我的头颅，但你无法动摇我的信仰。我们的信仰比你手中的屠刀更坚硬！"

蒋介石听说后，极力设法劝降方志敏。在他看来，这次劝降是有把握的。因为，蒋介石和方志敏是有"老交情"的。因此，他自信能够劝降方志敏。

1926 年 5 月，方志敏在广州农代会上发言时，蒋介石就被他的率真所感动。他当时就想，像方志敏这样既有旷世才华，又有英俊形象和很好修养的男人，在国民党阵营里怎么就没有发现呢？如果方志敏与自己同道，那对党国该会产生多么大的号召力呀！1926 年 11 月 8 日，北伐军攻克南昌，蒋介石又一次见到了方志敏。他这一次是请方志敏等前来论证定都南昌的。为了多与方志敏接触，蒋介石有事没事都请方志敏去吃饭。最后，干脆是逢宴必请。在那段时间里，蒋介石先后请方志敏吃饭达二十多次。

在蒋介石看来，以前他们两个是平起平坐，说话还要讲究身份，现在他方志敏可是虎落平阳，鸟之将死，其鸣也哀嘛。所以到达南昌的当天，他便带着顾祝同、俞伯庆等国民党要员，兴冲冲地来看方志敏。他热情地向在场的人介绍方志敏，俨然是方志敏的老朋友。他说，志敏老弟年轻有为，不但有旷世的才华，而且有伟大的人格，我们都要尊重志敏的人格，不尊重志敏的人

△ 被囚禁中的方志敏（中）和他的两名战友

格，就是不尊重我的人格。

面对蒋介石"苦口婆心"的劝降，方志敏的答复朴实而坚定："我的生命只有 36 岁，你赶紧下命令执行吧。"

方志敏用行动严词拒绝了国民党的劝降，实践了自己"努力到死，奋斗到死"的誓言。

→ 妙手著文

★★★★★

（36 岁）

在南昌国民党驻赣绥靖公署军法处看守所中，面对敌人的百般诱降，方志敏正气凛然，坚贞不屈，断然表示：宁为玉碎，不为瓦全，为革命而死，虽死犹荣！

敌人黔驴技穷，没有办法对付方志敏了，最后，又拿来纸和笔，让他写"口供"。

入狱之后，方志敏就作好了牺牲的思想准备，但有一个问题始终萦绕在他心头：如果在怀玉山突围时采取另外一种策略，是不是就不会失败？能否避免更多的同志被俘？他开始思索自己从事革命斗争的经验教训，其目的只有一个："在没有枪毙以前，我应将赣东北苏维埃的建设，写一整篇出来，供狱外的同志们参考。我们做错了的，他们不再做；做对了的，他们可以效法做；遇着困难，看看我们是用什么方法解决的。"他想，何不利用这个机会，把自己对党、对祖国、对人民的忠诚写出来呢。于是他埋头写了起来。他知道，时间不会太长了，敌人总会下

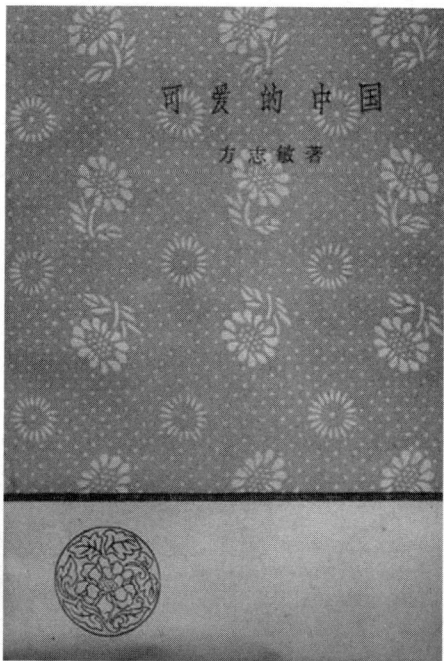

可爱的中国

方志敏 著

▷ 方志敏著作《可爱的中国》

毒手的，他必须争分夺秒地尽快写出来。

在牢房里写作的艰难可想而知，方志敏又重病在身，写不了多大工夫就感到头晕眼花，但是一想到伟大的党、坚强的红军将士、可爱的祖国，他咬牙坚持，一字一字地写。实在不行了，就停下来喘口气。每当听到看守的脚步声，他就赶忙停下手中的笔，把写好的文章塞在床板下，然后在纸上写起唐诗来：

　　离离原上草，一岁一枯荣。

　　野火烧不尽，春风吹又生。

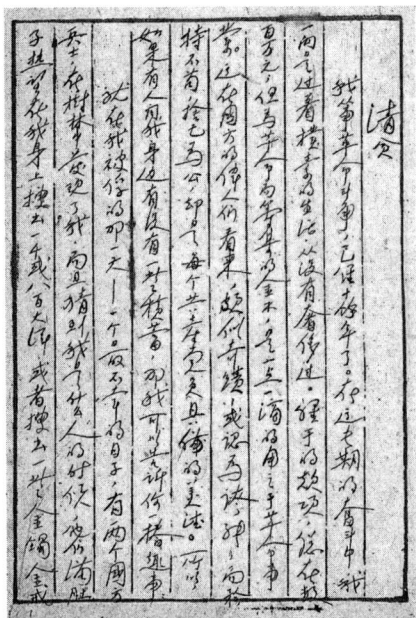

◁ 方志敏《清贫》手稿

在方志敏的心中，革命的火种是扑不灭的，她一定会形成燎原之势。

有时，为了迷惑看守，他甚至还故意把写有"我的历史"的打字纸放在上面，看守来了，他就一本正经地做思索状，敌人还以为方志敏真的在写"口供"呢！

爱国、清贫、忠诚、奉献，是方志敏精神的丰富内涵，成为他战胜困难和敌人的强大精神动力。

在《可爱的中国》著述中，我们感受到方志敏拳拳的爱国之心。他这样描写自己的祖国："这位母亲蛮可爱的"，"目前的中国，固然是山河破碎，国弊民穷，但谁能断言，中国没有一个光明的前途呢？不，决不会的，我们相信，中国一定有个可赞美的光明前途"，"我爱中国之热诚犹如小学生时代一样真诚无伪，有如一个青年姑娘初恋那样真诚入迷"。

多么朴实的话语，多么意趣的表达。这是一个共产党人"积极的奋斗的"人生观、价值观和生死观的真实体现。

他写道："清贫、洁白朴素的生活，正是我们革命者能够战胜许多困难的地方！""为着阶级和民族的解放，为着党的事业的成功，我毫不稀罕那华丽的大厦，却宁愿居住在卑陋潮湿的茅棚；不稀罕美味的西餐大菜，宁愿吞嚼剌口的苞粟和菜根；不稀罕舒服柔软的钢丝床，宁愿睡在猪栏狗巢似的住所！"

确实如此。在方志敏身上，我们感受着令人敬仰的崇高品质。方志敏从事革命斗争十余年来，经手的钱财数以百万计，掌管大权，手握重金，严于律己，甘守清贫，却一点一滴都用之于革命事业，并且严格要求家人和身边工作人员。妻子从红军在白区缴获来的物品中要了一块绒布做演出服，马上被方志敏批评了一顿并要求立即送回。他被囚期间，朋友出于仰慕送来钱物，他马上转送狱中病饿的难友。自己却"一向过着朴素的生活，从没奢侈过"，以"清贫、清白、朴素的生活"，磨砺坚强的革命意志，因而拥有高尚的人格魅力。方志敏投身革命十几年，但当他就义时的全部财产只有两套旧褂裤和几双线袜。

"我这次最感痛苦的，就是失去了努力为党工作的机会。你们要认识：你们能够为党工作，为党斗争，那是十分宝贵的。"

在方志敏的著作中，我们感受到他对党、对祖国的无限忠诚。

为了挚爱的祖国，方志敏一生中的奉献精神，体现在方志敏顾全大局、舍己忘我上。为了顾全大局，苏区分批把一千多两黄金和整箱整箱的银元送交设在上海的党中央；为了顾全大局，方志敏把唯一的主力部队送给中央苏区；为了顾全大局，他始终把个人的安危荣辱与祖国、民族的利益相维系，并为之奋斗一生。

就这样，在极端艰苦的条件下，方志敏饱含激情和对党的忠诚，用自己的心血，在敌人的牢房里写下了《可爱的中国》《清贫》《狱中纪实》等传世之作约三十万字。

这些用生命写成的文章，这些激动人心、掷地有声、感人

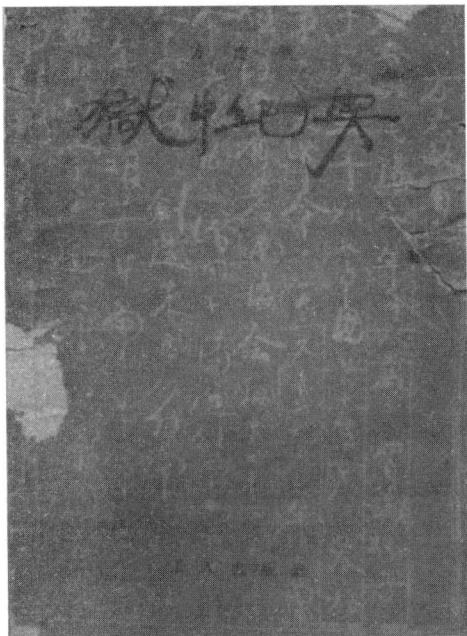

▷ 方志敏的《狱中纪实》

肺腑的语言，成为中国共产党宝贵的精神财富，是他一生忠诚于党、忠诚于祖国、忠诚于人民的真实写照。英雄的精神教育了无数后人，堪称革命的正气歌。

当狱方最后问方志敏给他的那几百张纸的去向时，方志敏回答是：我已放进马桶冲走了。气得监狱头子暴跳如雷。

如今，每当我们读《可爱的中国》、《清贫》、《狱中纪实》，咏诵传世名篇时，脑海里便会浮现出那个身穿破烂棉衣、戴着脚镣手铐的就义者的光辉形象。

→ 辗转传书

方志敏就义后三个月，法国巴黎《救国时报》全文发表了方志敏的《在狱中致全体同志书》和《我们临死前的话》。1937年1月，中共中央机关报《斗争》出了一期"纪念民族英雄方志敏专号"，发表了一批纪念文章和方志敏的部分文稿。在此后的一段时间内，方志敏的狱中文稿不断被国内报刊登载，他的那段临终格言传遍大江南北，响彻长城内外："敌人只能砍下我们的头颅，决不能动摇我们的信仰！因为我们的信仰，那是宇宙的真理！为着共产主义牺牲，为着苏维埃流血，那是我们十分情愿的啊！"

这些文稿的发表，比方志敏被俘或被杀更具有爆炸性，不仅是苏区的人民，而且包括白区的人民甚至是外国人，都从文稿中感受到了中国共产党人的坚强意志和必胜的信念。

国民党在严厉查禁这些报刊时，大惑不解：方志敏的文稿是如何从防守森严的监狱之中流传到社会上的呢？又是谁带往国外发表的呢？

在极为艰苦的条件下，方志敏一字一句地完成了《清贫》《可爱的中国》、《狱中纪实》等书稿的写作，面对这厚厚的用心血写成的书稿，他高兴万分。然而，白色恐怖之下，怎样才能把写好的文章和书稿带出监狱交给党组织呢？他又有些愁苦了。

方志敏的文稿是分四次从狱中传向社会的。

看守方志敏的监狱里有一个监狱文书叫高易鹏，又名高家骏，曾化名毛锦生，浙江绍兴人。当时是个未婚青年，家居杭州。他毕业后曾在杭州一家绸缎店当过伙计，爱上了邻居杭州姑娘程全昭。由于门第不合，程全昭的父亲不允许这门婚事，高易鹏一气之下，外出谋生。他跑到南昌，后为找生活出路，经人介绍到南昌参加军法处招聘缮写员的考试，被录取为上士文书。他目睹了方志敏在监狱里宁死不屈的事迹，非常佩服方志敏，经常和方志敏聊天。方志敏多次给他讲革命道理。高易鹏一有机会就听方志敏"讲故事"，热血青年被感化了。他经常为失去自由的方志敏递送报纸、买烧饼等。

方志敏感到高易鹏还可以信赖，就求他把书稿带出监狱，先送交鲁迅先生，再请鲁迅先生转交党中央。高易鹏接过方志敏的书稿和给党中央的一封信时，跪在地上哭着说："先生，我也是穷人的孩子，知道你是为穷人革命的好人。你放心吧，我就是提着脑袋也要把你的东西送到。"

1935 年夏，程全昭忽然收到高易鹏让她火速前往南昌晤面的信，程全昭到了南昌，高易鹏告诉她："我认识了一位好人——共产党的大官方志敏，现被关在狱中，正好由我看守。"高易鹏要求程全昭将方志敏的一些密件送到上海。第三天晚上，高易鹏拿来一个纸包和三封信郑重地交给程全昭，并说："方志敏替你起了个化名叫李贞，他自己化名为李祥松，这样，我们便是一家人了。"

次日清晨，程全昭装扮成时髦小姐，拎着装有信稿的小皮箱上了开往上海的火车。在上海，她通过章乃器的妻子胡子婴中转，交给胡愈之和中共中央特科的毕云程。特科负责人王世英阅后，转送抄件至共产国际东方部。共产党掌握的《巴黎时报》率先发表了其中的两件文稿，引起国内政坛的震动。这是方志敏的第一批文稿。

第二批文稿是胡逸民托其妻向心影送出的。胡逸民是个老同盟会员，曾任国民党清党审判委员会主任、江西省高等法院院长、中央军人监狱长等要职，拥有家产十余万。后来，他在国民党内部倾轧中失败，被罗致罪名，羁押在南昌国民党绥靖公署军法处看守所。由于胡逸民是个特殊人物，在狱中不仅行动自由，还有妻妾细心侍候。

胡逸民原来奉命来做劝降工作。但谈话的结果却是他慢慢被方志敏说服，开始同情革命。

经过多次交谈，方志敏感到胡逸民不仅直爽、负责，还倾向革命、同情共产党人，是个可以托付的人。因此，他将狱中的一部分文稿托付

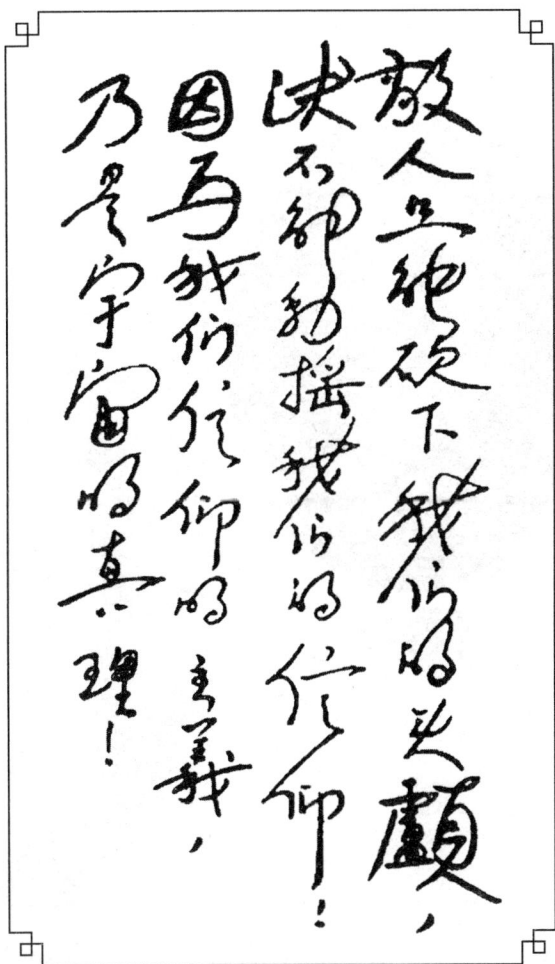

△ 方志敏手迹

给他，恳切地说："胡先生，我们可称囚友，也算患难之交。你一定会获得释放的，出狱后，我拜托你将这些文稿送往上海四川路，交给鲁迅先生。"胡逸民郑重允诺。

1935 年 7 月，方志敏预感到蒋介石将下毒手，便将文稿分别交给了胡逸民和高易鹏。他专门写

△ 胡子婴

△ 胡逸民

了一封短信，叮嘱胡逸民："请你记住你对我的诺言，无论如何，你要将我的文稿送去，万不能听人打破嘴而毁约！大丈夫做事，应有最大的决心，见义勇为，见威不惧，要引导人走向光明之路，不要被人拖入黑暗之潭！"

胡逸民将方志敏的文稿交给了妻子向心影，托她转交鲁迅先生。

向心影在胡逸民未出狱时就与国民党军统特务混在一起，抗日战争爆发后转抵重庆，与国民党军统副局长毛人凤结婚。她带的那批文稿散失在社会上。1940年，八路军驻重庆办事处发现方志敏所著《我从事革命斗争的略述》，用重金购回。

第三批文稿是胡逸民出狱后亲自送到胡子婴家中的。几天后，章乃器等七君子被捕，胡子婴为防止这批珍贵文献被查抄，托章乃器的弟弟章秋阳送交宋庆龄。宋庆龄收到不久即转给了中共左翼作家联盟负责人冯雪峰，其中包括《可爱的中国》等文稿。

第四批文稿由高易鹏带到上海，后来因形势变化未能送到目的地，散失在浙赣铁路沿线，解放后陆续被发现。

方志敏的遗稿送交党中央后，毛主席仔细进行了阅读。并对曾经和方志敏一起并肩战斗的汪东兴说："方志敏在狱中的遗作，是一部赣东北地区人民革命斗争的历史，是一个共产党员革命意志、情操和高尚人格的写照，是不朽的佳作。"

⟶ 英勇就义

★★★★☆

（36 岁）

　　敌人的劝降失败了，敌人露出了豺狼的凶相，他们残酷地折磨方志敏。他们给方志敏吃霉米饭，里面都是稗子、谷壳和沙石。一天洗漱饮用只给两碗水，牢房里黑暗潮湿，老鼠到处跑，臭虫爬满墙，虱子满被褥。方志敏本来就患有肺病，残酷的折磨使他的身体越来越衰弱。敌人还不断地用酷刑摧残方志敏，用皮鞭抽打、坐老虎凳、灌辣椒水。方志敏忍受着巨大的疼痛，但毫不动摇，没有透露一点党的机密。

　　蒋介石密令驻赣公署："秘密处死方志敏。"

　　1935 年 8 月 6 日这一天，南昌城里军警满街，交通中断，小商小贩都被赶走了。

看守像往日一样给方志敏端来了早饭。不是往日的霉米饭，而是诱人的白米饭和炒竹笋片。

方志敏知道敌人要下毒手了。他端起饭碗，大口吃了起来，他对门外的看守喊："来人，怎么没有酒？你们懂不懂规矩，这个时候应该给酒喝呀！"看守像没听见一样，躲了起来。方志敏吃了个饱，他太饿了。

要上刑场了。方志敏最后看了一下牢房，挨个和铁栅栏里伸出手的难友们告别。

难友们含着热泪说："永别了，方志敏同志。"

方志敏微笑着说："同志们，永别了，早日出去干革命！"

囚车穿过戒备森严的南昌城。方志敏向窗外的老百姓挥了挥手。有人认出被五花大绑的方志敏，不禁掉下了眼泪。刑场上三步一岗，五步一哨。方志敏挺胸昂首，敌人让他转过身去。方志敏笑着说："我都不怕，你们怕什么? 我要看看法西斯的子弹是怎样射穿我的胸膛!"

刽子手的手哆嗦了，扳不动扳机。方志敏望了望烟雨蒙蒙的天空，最后一眼看了看他那可爱的中国大地，挥起右臂，用尽全身的力气高喊："打倒帝国主义!" "共产党万岁!" "打倒卖国的国民党!" "红军万岁!" "苏维埃万岁!"

1935 年 8 月 6 日，方志敏在江西南昌下沙窝英勇就义，时年 36 岁。

→ 英灵永存

☆☆☆☆☆

方志敏于 1935 年 8 月在南昌下沙窝就义，但遗体埋在何处始终是谜。1957 年，南昌春江西化纤厂在下沙窝动工基建时发现一堆骨殖，共79块，其中一对胫骨还戴着脚镣。根据看守所代所长曾被他感动而将其十斤重镣换成三斤半轻镣的线索，经初步鉴定，法医认为其中9块骨殖应属于方志敏。为确保鉴定无误，遗骨又被送到设在上海的司法部法医研究所审定。经化验分析和对埋葬年限、性别、年龄、身高等的

△ 方志敏烈士墓

推算，1958 年 5 月 26 日法医研究所正式签署了鉴定书，证实这 9 块遗骨确属方志敏。

1959 年 8 月，党和政府在南昌市西郊梅岭山麓修建了方志敏烈士墓。烈士墓背依青山，面向东方，占地十余亩。墓前有台阶 12 层，170 余级，两边青松翠柏环抱，庄严肃穆。墓为汉白玉砌成，大理石碑下面刻有方志敏简历。墓碑正中镌刻着毛泽东题词"方志敏烈士之墓"，墓前附设休息室，陈列方志敏烈士生平事迹和珍贵文物。

方志敏烈士纪念馆位于江西省弋阳县城北面峨眉嘴山顶。占地六万平方米，馆内陈列着方志敏烈士及其他著名英烈的生平事迹以及部分烈士的遗像、革命文物。是全国爱国主义教育基地，江西省级重点烈士纪念馆建筑保护单位。1977 年 9 月由江西省人民政府批准建设，1978 年 9 月落成。2003 年 10 月改建，2004 年元月重新开放。

纪念馆院内立有方志敏烈士全身雕像，高七米，两边有排列整齐的女贞树相围。基座刻有毛泽东亲笔题写的"方志敏烈士"五个大字。雕像座背面刻有叶剑英元帅的亲笔题诗：

血战东南半壁红，忍将奇迹作奇功；

文山去后南朝月，又照秦淮一叶枫 。

馆内设有四室一厅，正厅设有灵堂，灵堂正中为纪念碑，上面镌刻着毛泽东书写的"人民英雄永垂不朽"的字样，灵堂还存放着弋阳 9288 名烈士英名录。左右展览室建有反映红军战士、赤卫队员英勇善战、前仆后继的石膏塑像四座。第一陈列室介绍了青年时代的方志敏作为江西地方党团组织的创建者、江西农民运动的卓越领导人两条半枪闹革命的感人事迹；第二陈列室介绍了方志敏所创建的根据地和红十军团的建设及战斗经历；第三陈列室正中有一座高三米的"方志敏挥毫"石膏塑像，主要陈列介绍了方志敏在狱中的斗争和以顽强的毅力写下的《可爱的中国》《清贫》等千古名篇，以及他的战友黄道、唐在刚、余汉朝、邹琦等著名英烈的生平事迹；第四陈列室介绍了建国后病故的红军老干部邵式平、汪金祥、吴克华、谢锐等同志的生平事迹。

后　记

继承遗志

　　党和人民对方志敏同志给予了高度评价。1938年3月的一天，毛泽东在杨家岭的窑洞里会见了方志敏的妻子缪敏和他的两个儿子。毛泽东握着缪敏的手说，方志敏牺牲了，他死得伟大，我很怀念他。毛泽东边讲边流下了眼泪。

　　毛泽东对方志敏有种相见恨晚的感觉。他们见过三次面，一次是1926年5月在广州，当时广东的农运领袖、后来是方志敏与缪敏结婚证婚人的彭湃和国民革命军总司令蒋介石也在；一次是1926年12月2日在南昌；一次是1927年3月28日在武汉。每次见面，他们都像是有说不完的话。毛泽东常说，方志敏创立的那个面积不大、人口也不过百万的赣东北根据地，竟能在敌人数万重兵连续四年的围剿中，不惊不乍地存在着，以至成为保卫中央苏区的战略右翼，实在令人佩服。他由衷地赞扬方志敏"创造了第一等的工作"，领导的苏区是"方志敏式"根据地、"苏维埃模范省"，并代表中华苏维埃临时政府授予方志敏红旗勋章一枚。

解放后，当毛泽东听说方志敏遗骨找到后，激动万分，称方志敏"以身殉志，不亦伟乎"，并欣然为方志敏写了墓碑上"方志敏烈士之墓"七个大字。毛泽东一生为一个人亲手写下的墓碑只有这一个。

有着共产党人最完美品格的周恩来，对方志敏的欣赏更是情真意切。他把叶剑英元帅于1940年在八路军重庆办事处所写的赞扬方志敏的那首七绝诗抄在笔记本的扉页上。

新中国成立后的1951年春，中央指示将方志敏狱中遗稿全部上交中央，统一保存。冯雪峰采纳身边同志的建议，打算在烈士文稿交送中央之前，在上海编印成书。在征得中共中央宣传部同意后，很快将《清贫》《可爱的中国》和《遗信》编成一册，以《可爱的中国》为书名，委托上海出版公司先影印3000本于同年9月出版。

1952年仍在冯雪峰的主持下，人民文学出版社根据上述影印本排印出版。此后至上世纪80年代初，凡中央及江西省地方出版社出版的《可爱的中国》均据影印本排印。

1962年，工人出版社把方志敏狱中遗稿《死》《给某夫妇的信》《狱中纪实》《赣东北苏维埃创立的历史》《记胡海、娄梦侠、谢名仁三同志》和《我们临死以前的话》等六篇汇编出版，以《狱中纪实》为书名。

1963年，人民文学出版社把影印本和工人出版社所收编的除《我们临死以前的话》以外的烈士遗稿合编为一册，仍以《可爱的中国》为书名。此书在"文革"结束后的1977年再版。此外，1965年商务印书馆也出版了《可爱的中国》。

1980 年 2 月，人民出版社根据中央档案馆保存的作者手稿《我从事革命斗争的略述》，出版了单行本。

1983 年 3 月中共江西省委决定，由省委党史征集委员会编辑《方志敏文集》。该文集共收入方志敏 44 篇文稿，分上、中、下篇。上篇为已保存下来的所有狱中文稿 12 篇；中篇是作者关于农民运动和根据地建设方面的著述；下篇收入作者早期的一部分文艺作品。收入文集的著作均保留了原貌，只作了个别事实和文字的订正。为了帮助读者理解，加了若干题解和注释。

邓小平同志曾亲自为烈士之墓献上花圈，1984 年又亲笔为《方志敏文集》题写了书名。

江泽民同志号召全党要学习方志敏的崇高品德和浩然正气。

胡锦涛同志赞誉方志敏是"党的骄傲，人民的骄傲"。

1999 年 8 月 20 日在方志敏百年诞辰之际，中共中央、国务院、中央军委，中共江西省委、省人民政府，中共江西省上饶地委、上饶地区行署，在方志敏的故乡弋阳县和方志敏被俘的地方玉山县怀玉乡等，分别举行了一系列纪念活动，借以表达对方志敏烈士无尽的追思。